Poésies d. jean et Louis Racine

BIBLIOTHÈQUE
CHRÉTIENNE ET MORALE

APPROUVÉE PAR

MONSEIGNEUR L'EVÊQUE DE LIMOGÉS.

3ᵉ SÉRIE.

POÉSIES

DE

JEAN ET LOUIS RACINE

POÉSIES

DE

JEAN ET LOUIS RACINE

LIMOGES

BARBOU FRÈRES, IMPRIMEURS-LIBRAIRES.

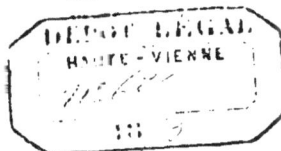

ESTHER

TRAGÉDIE EN TROIS ACTES

TIRÉE DE L'ÉCRITURE SAINTE

PAR JEAN RACINE.

PERSONNAGES

Assuérus, roi de Perse.
Esther, reine de Perse.
Mardochée, oncle d'Esther.
Aman, favori d'Assuérus.
Zarès, femme d'Aman.
Hidaspe, officier du palais intérieur d'Assuérus.
Asaph, autre officier d'Assuérus.
Élise, confidente d'Esther.
Thamar, Israélite de la suite d'Esther
Gardes du roi Assuérus.
Chœur de jeunes filles Israélites.

La scène est à Suse, dans le palais d'Assuéru

ACTE PREMIER

~

~

SCÈNE PREMIÈRE

ESTHER, ELISE.

ESTHER.

Est-ce toi, chère Elise ? O jour trois fois heureux !
Que béni soit le ciel qui te rend à mes vœux :
Toi qui, de Benjamin comme moi descendue,
Fus de mes jeunes ans la compagne assidue,
Et qui, d'un même joug souffrant l'oppression,
M'aidais à soupirer les malheurs de Sion.
Combien ce temps encore est cher à ma mémoire!
Mais toi, de ton Esther ignorais-tu la gloire ?
Depuis plus de six mois que je te fis chercher,
Quel climat, quel désert a donc pu te cacher ?

ÉLISE.

Au bruit de votre mort justement éplorée,
Du reste des humains je vivais séparée,
Et de mes tristes jours n'attendais que la fin,
Quand tout à coup, Madame, un prophète divin :

« C'est pleurer trop longtemps une mort qui t'abuse ;
» Lève-toi, m'a-t-il dit, prends ton chemin vers Suse.
» Là, tu verras d'Esther la pompe et les honneurs,
» Et sur le trône assis le sujet de tes pleurs.
» Rassure, ajouta-t-il, les tribus alarmées :
» Sion, le jour approche où le Dieu des armées
» Va de son bras puissant faire éclater l'appui,
» Et le cri de son peuple est monté jusqu'à lui. »
Il dit. Et moi, de joie et d'honneur pénétrée,
Je cours. De ce palais j'ai su trouver l'entrée.
O spectacle ! ô triomphe admirable à mes yeux,
Digne en effet du bras qui sauva nos aïeux !
Le fier Assuérus couronne sa captive,
Et le Persan est aux pieds d'une Juive.
Par quels secrets ressorts, par quel enchaînement
Le ciel a-t-il conduit ce grand événement ?

ESTHER.

Peut-être on t'a conté la fameuse disgrâc
De l'altière Vasthi dont j'occupe la place.
Lorsque le roi contre elle enflammé de dépit,
La chassa de son trône ainsi que de son lit :
Mais il ne put sitôt en bannir la pensée.
Vasthi régna longtemps dans son âme offensée.
Dans ses nombreux Etats il fallut donc chercher
Quelque nouvel objet qui l'en pût détacher.
De l'Inde à l'Hellespont ses esclaves coururent ;
Les filles de l'Egypte à Suse comparurent.
Celles même du Pharthe et du Scythe indompté
Y briguèrent le sceptre offert à la beauté.
On m'élevait alors solitaire et cachée,
Sous les yeux vigilants du sage Mardochée.
Tu sais combien je dois à ses heureux secours.
La mort m'avait ravi les auteurs de mes jours ;
Mais lui, voyant en moi la fille de son frère,
Me tint lieu, chère Elise, et de père et de mère.
Du triste état des Juifs jour et nuit agité,
Il me tira du sein de son obscurité ;
Et sur mes faibles mains fondant leur délivrance,
Il me fit d'un empire accepter l'espérance.

A ses desseins secrets, tremblante, j'obéis.
Je vins ; mais je cachais ma race et mon pays.
Qui pourrait cependant t'exprimer les cabales
Que formait en ces lieux ce peuple de rivales,
Qui toutes, disputant un si grand intérêt,
Des yeux d'Assuérus attendaient leur arrêt !
Chacune avait sa brigue et de puissants suffrages ;
L'une d'un sang fameux vantait les avantages ;
L'autre, pour se parer de superbes atours,
Des plus adroites mains empruntait le secours ;
Et moi, pour toute brigue et pour tout artifice,
De mes larmes au ciel j'offrais le sacrifice.
    Enfin, on m'annonça l'ordre d'Assuérus.
Devant ce fier monarque, Elise, je parus.
Dieu tient le cœur des rois entre ses mains puissantes,
Tandis qu'en ses projets l'orgueilleux est trompé.
De mes faibles attraits le roi parut frappé :
Il m'observa longtemps dans un morne silence :
Et le ciel, qui pour moi fit pencher la balance,
Dans ce temps-là sans doute agissait sur son cœur.
Enfin avec des yeux où régnait la douceur :
Soyez reine, et dès ce moment même
De sa main sur mon front posa son diadème.
Pour mieux faire éclater sa joie et son amour,
Il combla de présents tous les grands de sa cour ;
Et même ses bienfaits, dans toutes ses provinces,
Invitèrent le peuple aux noces de leurs princes.
    Hélas ! durant ces jours de joie et de festins,
Quelle était en secret ma honte et mes chagrins !
Esther, disais-je, Esther dans la pourpre est assise,
La moitié de la terre à son sceptre est soumise,
Et de Jérusalem l'herbe cache les murs !
Sion, repaire affreux de reptiles impurs,
Voit de son temple saint les pierres dispersées,
Et du Dieu d'Israël les fêtes sont cessées !

ÉLISE.

N'avez-vous pas au roi confié vos ennuis ?

ESTHER.

Le roi, jusqu'à présent, ignore qui je suis.

Celui par qui le ciel règle ma destinée,
Sur ce secret encore tient ma langue enchaînée.

ÉLISE.

Mardochée ? Et peut-il approcher de ces lieux ?

ESTHER.

Son amitié pour moi le rend ingénieux.
Absent, je le consulte, et ses réponses sages
Pour venir jusqu'à moi trouven mille passages.
Un père a moins de soins du salut de son fils.
Déjà même, déjà, par ses secrets avis,
J'ai découvert au roi les sanglantes pratiques
Que formaient contre lui deux ingrats domestiques.
Cependant mon amour pour notre nation
A rempli le palais des filles de Sion.
Jeunes et tendres fleurs, par le sort agitées,
Sous un ciel étranger comme moi transplantées.
Dans un lieu séparé de profanes témoins,
Je mets, à les former, mon étude et mes soins :
Et c'est là que fuyant l'orgueil du diadème,
Lasse de vains honneurs, et me cherchant moi-même,
Aux pieds de l'Eternel je viens m'humilier,
Et goûter le plaisir de me faire oublier.
Mais à tous les Persans je cache leurs familles.
Il faut les appeler. Venez, venez, mes filles,
Compagnes autrefois de ma captivit ,
De l'antique Jacob jeune postérité.

SCÈNE II

ESTHER, ELISE, LE CHŒUR.

Une des Israélites chante derrière le théâtre.

Ma sœur, quelle voix nous appelle ?

Une autre

J'en reconnais les agréables sons :
C'est la reine.

Toutes deux.

Courons, mes sœurs, obéissons.
   La reine nous appelle.
Allons, rangeons-nous auprès d'elle.

Tout le chœur entrant sur la scène par plusieurs endroits différents.

   La reine nous appelle ;
Allons, rangeons-nous auprès d'elle.

ÉLISE.

Ciel ! quel nombreux essaim d'innocentes beautés
S'offre à mes yeux en foule, et sort de tous côtés !
Quelle aimable pudeur sur leur visage est peinte !
Prospérez, cher espoir d'une nation sainte.
Puissent jusques au ciel vos soupirs innocents
Monter comme l'odeur d'un agréable encens !
Que Dieu jette sur vous des regards pacifiques.

ESTHER.

Mes filles, chantez-nous quelqu'un de ces cantiques
Où vos voix, si souvent se mêlant à mes pleurs,
De la triste Sion célèbrent les malheurs.

Une Israélite seule chante.

Déplorable Sion, qu'as-tu fait de ta gloire ?
   Tout l'univers admirait ta splendeur ;
Tu n'es plus que poussière, et de cette grandeur
Il ne nous reste plus que la triste mémoire.
Sion, jusques au ciel élevée autrefois,
   Jusqu'aux enfers maintenant abaissée,
   Puissé-je demeurer sans voix,

Si dans mes chants la douleur retracée,
Jusqu'au dernier soupir n'occupe ma pensée!

Tout le chœur.

O rives du Jourdain! ô champs aimés des cieux,
Sacrés monts, fertiles vallées
Par cent miracles signalées!
Du doux pays de nos aïeux
Serons-nous toujours exilées?

SCÈNE III

ESTHER, MARDOCHÉE, ELISE, LE CHOEUR,

ESTHER.

Quel profane en ce lieu s'ose avancer vers nous?
Que vois-je? Mardochée! O mon père, est-ce vous?
Un ange du Seigneur sous son aile sacrée
A donc conduit vos pas et caché votre entrée?
Mais d'où vient cet air sombre et ce cilice affreux,
Et cette cendre enfin qui couvre vos cheveux?
Que nous annoncez-vous

MARDOCHÉE.

O reine infortunée!
O d'un peuple innocent barbare destinée!
Lisez, lisez l'arrêt, détestable, cruel!
Nous sommes tous perdus, et c'est fait d'Israël!

ESTHER.

Juste ciel! tout mon sang dans mes veines se glace.

MARDOCHÉE.

On doit de tous les Juifs exterminer la race;
Au sanguinaire Aman nous sommes tous livrés.
Les glaives, les couteaux sont déjà préparés.

Toute la nation à la fois est proscrite.
Aman, l'impie Aman, race d'Amalécite,
A pour ce coup funeste armé tout son crédit,
Et le roi trop crédule a signé cet édit.
Prévenu contre nous par cette bouche impure,
Il nous croit en horreur à toute la nature.
Ses ordres sont donnés, et dans tous ses Etats
Le jour fatal est pris pour tant d'assassinats.
Cieux ! éclairez-vous cet horrible carnage !
Le fer ne connaîtra ni le sexe, ni l'âge ;
Tout doit servir de proie aux tigres, aux vautours :
Et ce jour effroyable arrive dans dix jours.

ESTHER.

O Dieu ! qui vois former des desseins si funestes,
As-tu donc de Jacob abandonné les restes ?

Une des plus jeunes Israélites.

Ciel ! qui nous défendra, si tu ne nous défends ?

MARDOCHÉE.

Laissez les pleurs, Esther, à ces jeunes enfants.
En vous est tout l'espoir de vos malheureux frères ;
Il faut les secourir. Mais les heures sont chères ;
Le temps vole, et bientôt amènera le jour
Où le nom des Hébreux doit périr sans retour.
Toute pleine du feu de tant de saints prophètes,
Allez, osez au roi déclarer qui vous êtes.

ESTHER.

Hélas ! ignorez-vous quelles sévères lois
Aux timides mortels cachent ici les rois ?
Au fond de leurs palais leur majesté terrible
Affecte à leurs sujets de se rendre invisible ;
Et la mort est le prix de tout audacieux
Qui sans être appelé se présente à leurs yeux,
Si le roi dans l'instant, pour sauver le coupable,
Ne lui donne à baiser son sceptre redoutable.

Rien ne met à l'abri de cet ordre fatal,
Ni le rang, ni le sexe ; et le crime est égal.
Moi-même, sur son trône à ses côtés assise,
Je suis à cette loi comme une autre soumise ;
Et, sans le prévenir, il faut pour lui parler
Qu'il me cherche, ou du moins qu'il me fasse appeler.

MARDOCHÉE.

Quoi ! lorsque vous voyez périr votre patrie,
Pour quelque chose, Esther, vous comptez votre vie !
Dieu parle ; et d'un mortel vous craignez le courroux !
Que dis-je ? votre vie, Esther, est-elle à vous ?
N'est-elle pas au sang dont vous êtes issue ?
N'est-elle pas à Dieu dont vous l'avez reçue ?
Et qui sait, lorsqu'au trône il conduisit vos pas,
Si pour sauver son peuple il ne vous gardait pas ?

Songez-y bien : ce Dieu ne vous a pas choisie
Pour être un vain spectacle aux peuples de l'Asie,
Ni pour charmer les yeux des profanes humains :
Pour un plus noble usage il réserve ses saints.
S'immoler pour son nom et pour son héritage,
D'un enfant d'Israël voilà le vrai partage.
Trop heureuse pour lui de hasarder vos jours ;
Et quel besoin son bras a-t-il de nos secours ?
Que peuvent contre lui tous les rois de la terre ?
En vain ils s'uniraient pour lui faire la guerre ;
Pour dissiper leur ligue il n'a qu'à se montrer ;
Il parle, et dans la poudre il les fait tous rentrer.
Au seul son de sa voix la mer fuit, le ciel tremble :
Il voit comme un néant tout l'univers ensemble ;
Et les faibles mortels, vains jouets du trépas,
Sont tous devant ses yeux comme s'ils n'étaient pas.
S'il a permis d'Aman l'audace criminelle,
Sans doute qu'il voulait éprouver notre zèle.
C'est lui qui m'excitant à vous oser chercher,
Devant moi, chère Esther, a bien voulu marcher ;
Et, s'il faut que sa voix frappe en vain vos oreilles,
Nous n'en verrons pas moins éclater ses merveilles.
Il peut confondre Aman, il peut briser nos fers
Par la plus faible main qui soit dans l'univers :

Et vous, qui n'aurez point accepté cette grâce,
Vous périrez peut-être et toute votre race.

ESTHER.

Allez. Que tous les Juifs dans Suse répandus,
A prier avec vous jour et nuit assidus,
Me prêtent de leurs vœux le secours salutaire,
Et pendant ces trois jours gardent un jeûne austère
Déjà la sombre nuit a commencé son tour :
Demain, quand le soleil rallumera le jour,
Contente de périr, s'il faut que je périsse,
J'irai pour mon pays m'offrir en sacrifice.
Qu'on s'éloigne un moment.

(Le chœur se retire au fond du théâtre.)

SCÈNE IV

ESTHER, ELISE, LE CHŒUR.

ESTHER.

O mon souverain roi,
Me voici donc tremblante et seule devant toi !
Mon père mille fois m'a dit dans mon enfance
Qu'avec nous tu juras une sainte alliance,
Quand, pour te faire un peuple agréable à tes yeux,
Il plut à ton amour de choisir nos aïeux,
Même tu leur promis de ta bouche sacrée
Une postérité d'éternelle durée.
Hélas ! ce peuple ingrat a méprisé ta loi.
La nation chérie a violé sa foi.
Elle a répudié son époux et son père,
Pour rendre à d'autres dieux un hommage adultère.
Maintenant elle sert sous un maître étranger,
Mais c'est peu d'être esclave, on la veut égorger.
Nos superbes vainqueurs, insultant à nos larmes,
Imputent à leurs dieux le bonheur de leurs armes,

Et veulent aujourd'hui qu'un même coup mortel
Abolisse ton nom, ton peuple et ton autel.
Ainsi donc un perfide, après tant de miracles,
Pourrait anéantir la foi de tes oracles ;
Ravirait au mortel le plus cher de tes dons,
Le saint que tu promets, et que nous attendons !
Non, non, ne souffre pas que ces peuples farouches,
Ivres de notre sang, ferment les seules bouches
Qui dans tout l'univers célèbrent tes bienfaits,
Et confonds tous ces dieux qui ne furent jamais.
Pour moi, que tu retiens parmi ces infidèles,
Tu sais combien je hais leurs fêtes criminelles,
Et que je mets au rang des profanations
Leurs tables, leurs festins et leurs libations ;
Que même cette pompe où je suis condamnée,
Ce bandeau dont il faut que je paraisse ornée
Dans ces jours solennels à l'orgueil dédiés,
Seule, et dans le secret, je le foule à mes pieds ;
Qu'à ces vains ornements je préfère la cendre,
Et n'ai de goût qu'aux pleurs que tu me vois répandre.
J'attendais le moment marqué dans ton arrêt,
Pour oser de ton peuple embrasser l'intérêt ;
Ce moment est venu. Ma prompte obéissance
Va d'un roi redoutable affronter la présence.
C'est pour toi que je marche. Accompagne mes pas
Devant ce fier Lion qui ne te connaît pas.
Commande, en me voyant, que son courroux s'apaise,
Et prête à mes discours un charme qui lui plaise.
Les orages, les vents, les cieux te sont soumis.
Tourne enfin sa fureur contre nos ennemis.

SCÈNE V

LE CHŒUR.

(Toute cette scène est chantée.)

Une Israélite seule.

Pleurons et gémissons, mes fidèles compagnes,
A nos sanglots donnons un libre cours.
Levons les yeux vers les saintes montagnes

D'où l'innocent attend tout son secours
O mortelles alarmes !
Tout Israël périt. Pleurez, mes tristes yeux
Il ne fut jamais sous les cieux
Un si juste sujet de larmes.

Tout le chœur.

O mortelles alarmes !

Une autre Israélite.

N'était-ce pas assez qu'un vainqueur odieux
De l'auguste Sion eût détruit tous les charmes,
Et traîné ses enfants captifs en mille lieux !

Tout le chœur.

O mortelles alarmes !

La même Israélite.

Faibles agneaux, livrés à des loups furieux,
Nos soupirs sont nos seules armes !

Tout le chœur.

O mortelles alarmes !

Une des Israélites.

Arrachons, déchirons tous ces vains ornements
Qui parent notre tête.

Une autre.

Revêtons nous d'habillements
Conformes à l'horrible fête
Que l'impie Aman nous apprête.

Tout le chœur.

Arrachons, déchirons tous ces vains ornem nts
Qui parent notre tête.

Une Israélite seule.

Quel carnage de toutes parts !
On égorge à la fois les enfants, les vieillards.
Et la sœur et le frère,
Et la fille et la mère,
Le fils dans les bras de son père.
Que de corps entassés ! que de membres épars
privés de sépulture !
Grand Dieu ! les saints sont la pâture
Des tigres et des léopards.

Une des plus jeunes Israélites.

Hélas, si jeune encore !
Par quel crime ai-je pu mériter mon malheur ?
Ma vie à peine a commencé d'éclore.
Je tomberai comme une fleur
Qui n'a vu qu'une aurore.
Hélas ! si jeune encore,
Par quel crime ai-je pu mériter mon malheur ?

Une autre

Des offenses d'autrui malheureuses victimes,
Que nous servent, hélas ! ces regrets superflus !
Nos pères ont péché, nos pères ne sont plus,
Et nous portons la peine de leurs crimes.

Tout le chœur.

Le Dieu que nous servons est le Dieu des combats.
Non, non, il ne souffrira pas
Qu'on égorge ainsi l'innocence.

Une Israélite seule.

Eh quoi ! dirait l'impiété,
Où donc est-il ce Dieu si redouté
Dont Israël nous vantait la puissance ?

Une autre.

Ce Dieu jaloux, ce Dieu victorieux,
Frémissez, peuples de la terre ;
Ce Dieu jaloux, ce Dieu victorieux
Est le seul qui commande aux cieux.
Ni les éclairs, ni le tonnerre,
N'obéissent point à vos dieux.

Une autre.

Il renverse l'audacieux.

Une autre.

Il prend l'humble sous sa défense.

Tout le chœur.

Le Dieu que nous servons est le Dieu des combats.
Non, non, il ne souffrira pas
Qu'on égorge ainsi l'innocence.

Deux Israélites.

O Dieu ! que la gloire couronne,
Dieu, que la lumière environne,
Qui vole sur l'aile des vents,
Et dont le trône est porté par les anges !

Deux autres des plus jeunes.

Dieu, qui veut bien que de simples enfants
Avec eux chantent les louanges !

Tout le chœur.

Tu vois nos pressants dangers :
Donne à ton nom la victoire.
Ne souffre point que ta gloire
Passe à des dieux étrangers.

Une Israélite seule.

Arme-toi, viens nous défendre.
Descends tel qu'autrefois la mer te vit descendre.
Que les méchants apprennent aujourd'hui
A craindre la colère.
Qu'ils soient comme la poudre et la paille légère
Que le vent chasse devant lui.

Tout le chœur.

Tu vois nos pressants dangers :
Donne à ton nom la victoire.
Ne souffre point que ta gloire
Passe à des Dieux étrangers.

Fin du Premier Acte.

ACTE DEUXIEME

Le théâtre représenté la chambre où est le trône d'Assuérus.

SCÈNE PREMIÈRE

AMAN, HIDASPE.

AMAN.

Eh quoi ! lorsque le jour ne commence qu'à luire,
Dans ce lieu redoutable oses-tu m'introduire.

HIDASPE.

Vous savez qu'on s'en peut reposer sur ma foi ;
Que ces portes, Seigneur, n'obéissent qu'à moi.
Venez. Partout ailleurs on pourrait nous entendre.

AMAN.

Quel est donc le secret que tu me veux apprendre ?

HIDASPE.

Seigneur, de vos bienfaits mille fois honore
Je me souviens toujours que je vous ai juré
D'exposer à vos yeux, par des avis sincères,
Tout ce que ce palais renferme de mystères.
Le roi d'un noir chagrin paraît enveloppé.
Quelque songe effrayant cette nuit l'a frappé.
Pendant que tout gardait un silence paisible,
Sa voix s'est fait entendre avec un cri terrible.
J'ai couru. Le désordre était dans son discours
Il s'est plaint d'un péril qui menaçait ses jours :
Il parlait d'ennemi, de ravisseur farouche ;
Même le nom d'Ester est sorti de sa bouche.
Il a dans ces horreurs passé toute la nuit.
Enfin, las d'appeler un sommeil qui le fuit,
Pour écarter de lui ces images funèbres,
Il s'est fait apporter ces annales célèbres
Où les faits de son règne, avec soin amassés,
Par des fidèles mains chaque jour sont tracés,
On y conserve écrits le service et l'offense :
Monuments éternels d'amour et de vengeance.
Le roi, que j'ai laissé plus calme dans son lit,
D'une oreille attentive écoute ce récit.

AMAN.

De quel temps de sa vie a t-il choisi l'histoire ?

HIDASPE.

Il revoit tous ces temps si remplis de sa gloire,
Depuis le fameux jour qu'au trône de Cyrus
Le choix du sort plaça l'heureux Assuérus.

AMAN.

Ce songe, Hidaspe, est donc sorti de son idée ?

HIDASPE.

Entre tous les devins fameux de la Chaldée,

Il a fait assembler ceux qui savent le mieux
Lire en un songe obscur les volontés des cieux...
Mais quel trouble vous-même aujourd'hui vous agite ?
Votre âme, en m'écoutant, paraît tout interdite ;
L'heureux Aman a-t-il quelques secrets ennuis ?

AMAN.

Peux-tu le demander ? Dans la place où je suis.
Haï, craint, envié, souvent plus misérable
Que tous les malheureux que mon pouvoir accable ?

HIDASPE.

Eh ! qui jamais du ciel eut des regards plus doux ?
Vous voyez l'univers prosterné devant vous.

AMAN.

L'univers ! Tous les jours un homme... un vil esclave
D'un front audacieux me dédaigne et me brave.

HIDASPE.

Quel est cet ennemi de l'état et du roi ?

AMAN.

Le nom de Mardochée est-il connu de toi ?

HIDASPE.

Qui ? ce chef d'une race abominable, impie?

AMAN.

Oui, lui-même.

HIDASPE.

Eh ! seigneur, d'une si belle vie
Un si faible ennemi peut-il troubler la paix ?

AMAN.

L'insolent devant moi ne se courba jamais.
En vain de la faveur du plus grands des monarques
Tout révère à genoux les glorieuses marques ;
Lorsque d'un saint respect tous les Persans touchés,
N'osent lever leurs fronts à la terre attachés,
Lui, fièrement assis, et la tête immobile,
Traite tous ces honneurs d'impiété servile,
Présente à mes regards un front séditieux,
Et ne daignerait pas au moins baisser les yeux.
Du palais cependant il assiége la porte,
A quelque heure que j'entre, Hidaspe, ou que je sorte
Son visage odieux m'afflige et me poursuit ;
Et mon esprit troublé le voit encor la nuit.
Ce matin j'ai voulu devancer la lumière,
Je l'ai trouvé couvert d'une affreuse poussière,
Revêtu de lambeaux, tout pâle ; mais son œil
Conservait sous la cendre encore le même orgueil.
D'où lui vient, cher ami, cette imprudente audace ?
Toi, qui dans ce palais vois tout ce qui se passe,
Crois-tu que quelque voix ose parler pour lui ?
Sur quel roseau fragile a-t-il mis son appui ?

HIDASPE.

Seigneur, vous le savez, son avis salutaire
Découvrit de Tharès le complot sanguinaire.
Le roi promit alors de le récompenser ;
Le roi, depuis ce temps, paraît n'y plus penser.

AMAN.

Non, il faut à tes yeux dépouiller l'artifice.

J'ai su de mon destin corriger l'injustice.
Dans les mains des Persans jeune enfant apporté,
Je gouverne l'empire où je fus acheté.
Mes richesses des rois égalent l'opulence.
Environné d'enfants, soutiens de ma puissance,
Il ne manque à mon front que le bandeau royal :
Cependant (des mortels aveuglement fatal !)
De cet amas d'honneurs la douceur passagère,
Fait sur mon cœur à peine une atteinte légère.
Mais Mardochée, assis aux portes du palais,
Dans ce cœur malheureux enfonce mille traits ;
Et toute ma grandeur me devient insipide,
Tandis que le soleil éclaire ce perfide.

HIDASPE.

Vous serez de sa vue affranchi dans six jours :
La nation entière est promise aux vautours.

AMAN

Ah ! que ce temps est long à mon impatience !
C'est lui, je te veux bien confier ma vengeance,
C'est lui qui, devant moi refusant de ployer,
Les a livrés au bras qui les va foudroyer.
C'était trop peu pour moi d'une telle victime :
La vengeance trop faible attire un second crime ;
Un homme tel qu'Aman, lorsqu'on l'ose irriter,
Dans sa juste fureur ne peut trop éclater.
Il faut des châtiments dont l'univers frémisse ;
Qu'on tremble en comparant l'offense et le supplice ;
Que les peuples entiers dans le sang soient noyés.
Je veux qu'on dise un jour aux peuples effrayés :
Il fut des Juifs, il fut une insolente race,
Répandus sur la terre, ils en couvraient la face ;
Un seul osa d'Aman attirer le courroux,
Aussitôt de la terre ils disparurent tous.

HIDASPE.

Ce n'est donc pas, seigneur, le sang amalécite
Dont la voix à les perdre en secret vous excite ?

AMAN.

Je sais que, descendu de ce sang malheureux,
Une éternelle haine a dû m'armer contre eux ;
Qu'ils firent d'Amalec un indigne carnage ;
Que, jusqu'aux vils troupeaux tout éprouva leur rage,
Qu'un déplorable reste à peine fut sauvé :
Mais, crois-moi, dans le rang où je suis élevé,
Mon âme, à ma gradeur tout entière attachée,
Des intérêts du sang est faiblement touchée.
Mardochée est coupable ; et que faut-il de plus ?
Je prévins donc contre eux l'esprit d'Assuérus ;
J'inventai des couleurs ; j'armai la calomnie ;
J'intéressai sa gloire ; il trembla pour sa vie ;
Je les peignis puissants, riches, séditieux ;
Leur Dieu même ennemi de tous les autres dieux.
Jusqu'à quand souffre-t-on que ce peuple respire ?
Et d'un culte profane infecte votre empire ?
Etrangers à la Perse, à nos lois opposés,
Du reste des humains ils semblent divisés,
N'aspirent qu'à troubler le repos où nous sommes,
Et, détestés partout, détestent tous les hommes.
Prévenez, punissez leurs insolents efforts ;
De leur dépouille, enfin, grossissez vos trésors.
Je dis : et l'on me crut. Le roi, dès l'heure même,
Mit dans ma main le sceau de son pouvoir suprême.
Assure, me dit-il, le repos de ton roi ;
Va, perds ces malheureux, leur dépouille est à toi
Toute la nation fut ainsi condamnée.
Du carnage avec lui je réglai la journée.
Mais de ce traître enfin le trépas différé
Fait trop souffrir mon cœur de son sang altéré.
Un je ne sais quel trouble empoisonne ma joie.
Pourquoi dix jours encore faut-il que je le voie !

HIDASPE.

Et ne pouvez-vous pas d'un mot l'exterminer ?
Dites au roi, seigneur, de vous l'abandonner.

AMAN.

Je viens pour épier le moment favorable.
Tu connais, comme moi, ce prince inexorable ;
Tu sais combien terrible en ses soudains transports,
De nos desseins souvent il rompt tous les ressorts.
Mais à me tourmenter ma crainte est trop subtile :
Mardochée à ses yeux est une âme trop vile.

HIDASPE.

Que tardez-vous ? Allez, et faites promptement
Elever de sa mort le honteux instrument.

AMAN.

J'entends du bruit, je sors... Toi, si le roi m'appelle...

HIDASPE.

Il suffit.

SCÈNE II

ASSUERUS, HIDASPE, ASAPH. *Suite d'Assuérus.*

ASSUÉRUS.

Ainsi donc sans cet avis fidèle
Deux traîtres dans son lit assassinaient leur roi.
Qu'on me laisse, et qu'Asaph seul demeure avec moi.

SCÈNE III

ASSUÉRUS, ASAPH.

ASSUÉRUS, *assis sur son trône.*

Je veux bien l'avouer, de ce couple perfide
J'avais presque oublié l'attentat parricide ;

Et j'ai pâli deux fois au terrible récit
Qui vient d'en retracer l'image à mon esprit.
Je vois de quel succès leur fureur fut suivie,
Et que dans les tourments ils laissèrent la vie.
Mais ce sujet zélé, qui d'un œil si subtil
Sut de leur noir complot développer le fil,
Qui me montra sur moi leur main déjà levée,
Enfin par qui la Perse avec moi fut sauvée,
Quel honneur pour sa foi, quel prix a-t-il reçu ?

ASAPH.

On lui promit beaucoup, c'est tout ce que j'ai su.

ASSUÉRUS.

Oh ! d'un si grand service oubli trop condamnable !
Des embarras du trône effet inévitable
De soins tumultueux un prince environné
Vers de nouveaux objets est sans cesse entraîné.
L'avenir l'inquiète et le présent le frappe.
Mais plus prompt que l'éclair le passé nous échappe ;
Et de tant de mortels à toute heure empressés
A nous faire valoir leurs soins intéressés,
Il ne s'en trouve point qui, touchés d'un vrai zèle,
Prennent à notre gloire un intérêt fidèle,
Du mérite oublié nous fassent souvenir,
Trop prompts à nous parler de ce qu'il faut punir.
Ah ! que plutôt l'injure échappe à ma vengeance,
Qu'un si rare bienfait à ma reconnaissance !
Et qui voudrait jamais s'exposer pour son roi ?
Ce mortel qui montra tant de zèle pour moi
Vit-il encore ?

ASAPH.

Il voit l'astre qui nous éclaire.

ASSUÉRUS.

Et que n'a-t-il plutôt demandé son salaire
Quel pays reculé le cache à mes bienfaits ?

ASAPH.

Assis le plus souvent aux portes du palais,
Sans se plaindre de vous ni de sa destinée,
Il y traîne, seigneur, sa vie infortunée.

ASSUÉRUS.

Et je dois d'autant moins oublier sa vertu,
Qu'elle-même s'oublie. Il se nommme, dis-tu ?

ASAPH.

Mardochée est le nom que je viens de vous lire.

ASSUÉRUS.

Et son pays ?

ASAPH.

Seigneur, puisqu'il faut vous le dire,
C'est un de ces captifs à périr destinés,
Dès rives du Jourdain sur l'Euphrate amenés.

ASSUÉRUS.

Il est donc Juif ! O ciel ! sur le point que la vie
Par mes propres sujets m'allait être ravie,
Un Juif rend par ses soins leurs efforts impuissants !
Un Juif m'a préservé du glaive des Persans !
Mais, puisqu'il m'a sauvé, quel qu'il soit, il n'importe.
Holà, quelqu'un.

SCÈNE IV

ASSUÉRUS, HIDASPE, ASAPH.

HIDASPE.

Seigneur !

ASSUÉRUS.

Regarde à cette porte ;
. Vois s'il s'offre à tes yeux quelque grand de ma cour.

HIDASPE.

Aman à votre porte a devancé le jour.

ASSUÉRUS.

Qu'il entre. Ses avis m'éclaireront peut être.

SCÈNE V

ASSUÉRUS, AMAN, HIDASPE.

ASSUÉRUS.

Approche, heureux appui du trône de ton maître,
Ame de mes conseils, et qui seul, tant de fois,
Du sceptre dans ma main a soulagé le poids.
Un reproche secret embarrasse mon âme.
Je sais combien est pur le zèle qui t'enflamme.
Le mensonge jamais n'entra dans tes discours,
Et mon intérêt seul est le but où tu cours.
Dis-moi donc : que doit faire un prince magnanime
Qui veut combler d'honneurs un sujet qu'il estime ?
Par quel gage éclatant, et digne d'un grand roi,
Puis-je récompenser le mérite et la foi ?
Ne donne point de borne à ma reconnaissance ;
Mesure tes conseils sur ma vaste puissance.

AMAN , tout bas.

C'est pour toi-même, Aman, que tu vas prononce:
Et quel autre que toi peut-on récompenser ?

ASSUÉRUS

Que penses-tu ?

AMAN.

Seigneur, je cherche ; j'envisage
Des monarques persans la conduite et l'usage ;
Mais à mes yeux en vain je les rappelle tous ;
Pour vous régler sur eux que sont-ils près de vous ?
Votre règne aux neveux doit servir de modèle.
Vous voulez d'un sujet reconnaître le zèle ;
L'honneur seul peut flatter un esprit généreux ;
Je voudrais donc, seigneur, que ce mortel heureux,
De la pourpre aujourd'hui paré comme vous-même,
Et portant sur le front le sacré diadème,
Sur un de vos coursiers pompeusement orné,
Aux yeux de vos sujets dans Suse fut mené ;
Que pour comble de gloire et de magnificence,
Un seigneur éminent en richesse, en puissance,
Enfin de votre empire après vous le premier,
Par la bride guidât son superbe coursier ;
Et lui-même marchant en habits magnifiques,
Criât à haute voix dans les places publiques :
« Mortels, prosternez-vous ; c'est ainsi que le roi
» Honore le mérite et couronne la foi. »

ASSUÉRUS.

Je vois que la sagesse elle même t'inspire.
Avec mes volontés ton sentiment conspire.
Va, ne perds point de temps. Ce que tu m'as dicté,
Je veux de point en point qu'il soit exécuté.
La vertu dans l'oubli ne sera plus cachée.
Aux portes du palais prends le Juif Mardochée ;
C'est lui que je prétends honorer aujourd'hui.
Ordonne son triomphe, et marche devant lui ;
Que Suse par ta voix de son nom retentisse,
Et fais à son aspect que tout genou fléchisse.
Sortez tous.

AMAN.

Dieux !

Poésies.   3

SCÈNE VI

ASSUÉRUS , *seul*

Le prix est sans doute inouï :
Jamais d'un tel honneur un sujet n'a joui.
Mais plus la récompense est grande et glorieuse,
Plus j'assure ma vie et montre avec éclat
Combien Assuérus redoute d'être ingrat.
On verra l'innocent discerné du coupable.
Je n'en perdrai pas moins ce peuple abominable.
Leurs crimes...

SCÈNE VII

ASSUÉRUS, ESTHER , ELISE, THAMAR.

PARTIE DU COEUR.

(Esther entre en s'appuyant sur Elise ; quatre Israélites soutiennent sa robe.)

ASSUÉRUS

Sans mon ordre on porte ici ses pas !
Quel mortel insolent vient chercher le trépas ?
Gardes... C'est vous, Esther. Quoi ! sans être attendue ?

ESTHER.

Mes filles, soutenez votre reine éperdue.
Je me meurs.

(Elle tombe évanouie.)

ASSUÉRUS.

Dieux puissants ! quelle étrange pâleur
De son teint tout-à-coup efface la couleur ?
Esther, que craignez-vous ? suis-je pas votre frère ?
Est-ce pour vous qu'est fait un ordre si sévère ?

Vivez : le sceptre d'or que vous tend cette main,
Pour vous de ma clémence est un gage certain.

ESTHER.

Quelle voix salutaire ordonne que je vive,
Et rappelle en mon sein mon âme fugitive ?

ASSUÉRUS.

Ne connaissez-vous pas la voix de votre époux ?
Encore un coup vivez, et revenez à vous.

ESTHER.

Seigneur, je n'ai jamais contemplé qu'avec crainte
L'auguste majesté sur votre front empreinte.
Jugez combien ce front, irrité contre moi,
Dans mon âme troublée a dû jeter d'effroi.
Sur ce trône sacré qu'environne la foudre,
J'ai cru vous voir tout prêt à me réduire en poudre.
Hélas ! sans frissonner, quel cœur audacieux
Soutiendraient les éclairs qui partaient de vos yeux ?
Ainsi du Dieu vivant la colère étincelle...

ASSUÉRUS.

O soleil ! ô flambeaux de lumière immortelle !
Je me trouble moi-même, et sans frémissement
Je ne puis voir sa peine et son saisissement.
Calmez, reine, calmez la frayeur qui vous presse ;
Du cœur d'Assuérus souveraine maîtresse,
Eprouvez seulement son ardente amitié.
Faut-il de mes Etats vous donner la moitié ?

ESTHER.

Eh ! se peut-il qu'un roi craint de la terre entière,
Devant qui tout fléchit et baise la poussière,
Jette sur son esclave un regard si serein,
Et m'offre sur son cœur un pouvoir souverain ?

ASSUÉRUS.

Croyez-moi, chère Esther, ce sceptre, cet empire,
Et ces profonds respects que la terreur inspire,
A leur pompeux éclat mêlent peu de douceur,
Et fatiguent souvent leur triste possesseur.
Je ne trouve qu'en vous je ne sais quelle grâce
Qui me charme toujours et jamais ne me lasse.
De l'aimable vertu doux et puissants attraits !
Tout respire en Esther l'innocence et la paix.
Du chagrin le plus noir elle écarte les ombres,
Et fait des jours sereins de mes jours les plus sombres.
Que dis-je, sur ce trône assis auprès de vous,
Des astres ennemis j'en crains moins le courroux,
Et crois que votre front prête à mon diadème
Un éclat qui le rend respectable aux dieux même.
Osez donc me répondre, et ne me cachez pas
Quel sujet important conduit ici vos pas.
Quel intérêt, quels soins vous agitent, vous pressent ?
Je vois qu'en m'écoutant vos yeux au ciel s'adressent.
Parlez, de vos désirs le succès est certain,
Si ce succès dépend d'une mortelle main.

ESTHER.

O bonté qui m'assure autant qu'elle m'honore !
Un intérêt pressant veut que je vous implore.
J'attends ou mon malheur ou ma félicité,
Et tout dépend, seigneur, de votre volonté.
Un mot de votre bouche, en terminant mes peines,
Peut rendre Esther heureuse entre toutes les reines.

ASSUÉRUS.

Ah ! que vous enflammez mon désir curieux !

ESTHER.

Seigneur, si j'ai trouvé grâce devant vos yeux,
Si jamais à mes yeux vous fûtes favorable,
Permettez, avant tout, qu'Esther puisse à sa table
Recevoir aujourd'hui son souverain Seigneur,
Et qu'Aman soit admis à cet excès d'honneur.

J'oserai devant lui rompre ce grand silence
Et j'ai pour m'expliquer besoin de sa présence,

ASSUÉRUS.

Dans quelle inquiétude, Esther, vous me jetez !
Toutefois qu'il soit fait comme vous souhaitez.

(A ceux de sa suite.)

Vous, que l'on cherche Aman, et qu'on lui fasse entendre,
Qu'invité par la reine il ait soin de s'y rendre.

SCÈNE VIII

LES MÊMES, HIDASPE.

HIDASPE.

Les savants Chaldéens, par votre ordre appelés,
Dans cet appartement, seigneur, sont assemblés.

ASSUÉRUS.

Princesse, un songe étrange occupe ma pensée,
Vous-même en leur réponse êtes intéressée.
Venez, derrière un voile écoutant leurs discours,
De vos propres clartés me prêtez le secours.
Je crains pour vous, pour moi, quelque ennemi perfide.

ESTHER.

Suis-moi, Thamar. Et vous, troupe jeune et timide,
Sans craindre ici les yeux d'une profane cour,
A l'abri de ce trône attendez mon retour.

SCÈNE IX

ELISE, PARTIE DU CHOEUR.

(Cette scène est, partie déclamée sans chant, et partie chantée.)

ÉLISE.

Que vous semble, mes sœurs, de l'état où nous sommes ?
D'Esther, d'Aman, qui le doit emporter ?

Est-ce Dieu, sont-ce les hommes ?
Dont les œuvres vont éclater ?
Vous avez vu quelle ardente colèr
Allumait de ce roi le visage sévère.

Une des Israélites.

Des éclairs de ses yeux l'œil était ébloui.

Une autre.

Et sa voix m'a paru comme un tonnerre horrible.

ÉLISE.

Comment ce courroux si terrible
En un moment s'est-il evanoui ?

Une des Israélites chante.

Un moment a changé ce courroux inflexible.
Le lion rugissant est un agneau paisible.
Dieu, notre Dieu sans doute a versé dans son cœur
Cet esprit de douceur.

Tout le chœur.

Dieu, notre Dieu sans doute a versé dans son cœur
Cet esprit de douceur.

La même Israélite chante.

Tel qu'un ruisseau docile
Obéit à la main qui détourne son cours,
Et, laissant de ses eaux partager le secours,
Va rendre tout un champ fertile;
Dieu, de nos volontés arbitre souverain,
Le cœur des rois est ainsi dans ta main.

ÉLISE.

Ah ! que je crains, mes sœurs, les funestes nuages
Qui de ce prince obscurcissent les yeux !
Comme il est aveuglé du culte de ses dieux !

Une des Israélites.

Il n'atteste jamais que leurs noms odieux.

Une autre.

Aux feux inanimés dont se parent les cieux
Il rend de profanes hommages.

Une autre.

Tout son palais est plein de leurs images.

Le chœur chante.

Malheureux ! vous quittez le maître des humains,
Pour adorer l'ouvrage de vos mains.

Une Israélite chante.

Dieu d'Israël, dissipe enfin cette ombre.
Des larmes de tes saints quand seras-tu touché
Quand sera le voile arraché
Qui sur tout l'univers jette une nuit si sombre !
Dieu d'Israël, dissipe enfin cette ombre !
Jusqu'à quand seras-tu caché ?

Une des plus jeunes Israélites.

Parlons plus bas, mes sœurs. Ciel ! si quelque infidèle
Ecoutant nos discours allait nous déceler !
Quoi ! filles d'Abraham, une crainte mortelle
Semble déjà vous faire chanceler !
Et ! si l'impie Aman dans sa main homicide,
Faisait luire à vos yeux un glaive menaçant,
A blasphémer le nom du Tout-Puissant
Voulait forcer votre bouche timide !

Une autre Israélite.

Peut-être Assuérus, frémissant de courroux
Si nous ne courbons les genoux

Devant une muette idole,
Commandera qu'on nous immole.
Chère sœur, que choisirez-vous ?

La jeune Israélite.

Moi ! je pourrais trahir le Dieu que j'aime !
J'adorerais un dieu sans force et sans vertu,
Reste d'un tronc par les vents abattu,
Qui ne peut se sauver lui-même !

Le chœur chante.

Dieux impuissants, dieux sourds, tous ceux qui vous im—
Ne seront jamais entendus.   [plorent
Que les démons et ceux qui les adorent
Soient à jamais détruits et confondus.

Une Israélite chante.

Que ma bouche et mon cœur et tout ce que je suis
Rendent honneur au Dieu qui m'a donné la vie
Dans les craintes, dans les ennuis,
En ses bontés mon âme se confie.
Veut-il par mon trépas que je le glorifie ?
Que ma bouche, et mon cœur et tout ce que je suis
Rendent honneur au Dieu qui m'a donné la vie !

ÉLISE.

Je n'admirai jamais la gloire de l'impie.

Une autre Israélite.

Au bonheur du méchant qu'une autre porte envie.

ÉLISE.

Tous les jours paraissent charmants,
L'or éclate en ses vêtements.
Son orgueil est sans borne, ainsi que sa richesse ;
Jamais l'air n'est troublé de ses gémissements ;
Il s'endort, il s'éveille au son des instruments,
Son cœur nage dans la mollesse.

Une autre Israélite.

Pour comble de prospérité,
Il espère revivre en sa postérité ;
Et d'enfants à sa table une riante troupe
Semble boire avec lui la joie à pleine coupe.

(Tout le reste est chanté)

Le chœur.

Heureux, dit-on, le peuple fleurissant
Sur qui ces biens tombent en abondance !
Plus heureux le peuple innocent
Qui dans le Dieu du ciel a mis sa confiance !

Une Israélite seule

Pour contenter ses frivoles désirs,
L'homme insensé vainement se consume,
Il trouve l'amertume
Au milieu des plaisirs.

Une autre, seule.

Le bonheur de l'impie est toujours agit ;
Il erre à la merci de sa propre inconstance.
Ne cherchons la félicité
Que dans la paix de l'innocence.

La même avec une autre.

O douce paix !
O lumière éternelle !
Beauté toujours nouvelle !
Heureux le cœur épris de tes attraits !
O douce paix !
O lumière éternelle !
Heureux le cœur qui ne te perd jamais !

Le chœur.

O douce paix !
O lumière éternelle !
Beauté toujours nouvelle !

O douce paix !
Heureux le cœur qui ne te perd jamais !

La même, seule.

Nulle paix pour l'impie. Il la cherche, elle fuit,
Et le calme en son cœur ne trouve point de place.
Le glaive au-dehors le poursuit,
Le remords au-dedans le glace.

Une autre.

La gloire des méchants en un moment s'éteint ;
L'affreux tombeau pour jamais les dévore.
Il n'en est pas ainsi pour celui qui te craint ;
Il renaîtra, mon Dieu, plus brillant que l'aurore.

Le chœur.

O douce paix !
Heureux le cœur qui ne te perd jamais !

ÉLISE, *sans chanter.*

Mes sœurs, j'entends du bruit dans la chambre prochaine :
On nous appelle, allons rejoindre notre reine.

Fin du second acte.

ACTE TROISIÈME

Le théâtre représente les jardins d'Esther, et un des côtés du salon où se fait le festin.

SCÈNE PREMIÈRE

AMAN, ZARÈS.

ZARÈS.

C'est donc ici d'Esther le superbe jardin,
Et ce salon pompeux est le lieu du festin ;
Mais tandis que la porte est encore fermée,
Ecoutez les conseils d'une épouse alarmée.
Au nom du nœud sacré qui me lie avec vous,
Dissimulez, Seigneur, cet aveugle courroux ;
Eclaircissez ce front où la tristesse est peinte.
Les rois craignent surtout le reproche et la plainte.
Seul entre tous les grands par la reine invité,
Ressentez donc aussi cette félicité.
Si le mal vous aigrit, que le bienfait vous touche.
Je l'ai cent fois appris de votre propre bouche :
Quiconque ne sait pas dévorer un affront,
Ni de fausses couleurs se déguiser le front,

Loin de l'aspect des rois qu'il s'écarte, qu'il fuie.
Il est des contre-temps qu'il faut qu'un sage essuie :
Souvent avec prudence un outrage enduré,
Aux honneurs les plus hauts a servi de degré.

AMAN.

O douleur ! ô supplice affreux à la pensée !
O honte, qui jamais ne peut être effacée !
Un exécrable Juif, l'opprobre des humains !
S'est donc vu de la pourpre habillé par mes mains !
C'est peu qu'il ait sur moi remporté la victoire :
Malheureux ! j'ai servi de héraut à sa gloire !
Le traître ! il insultait à ma confusion ;
Et tout le peuple même avec dérision,
Observant la rougeur qui couvrait mon visage,
De ma chute certaine en tirait le présage.
Roi cruel ! Ce sont là des jeux où tu te plais ;
Tu ne m'as prodigué tes perfides bienfaits
Que pour me faire mieux sentir ta tyrannie,
Et m'accabler enfin de plus d'ignominie.

ZARÈS.

Pourquoi juger si mal de son intention ?
Il croit récompenser une bonne action.
Ne faut-il pas, seigneur, s'étonner, au contraire,
Qu'il en ait si longtemps différé le salaire ?
Du reste, il n'a rien fait que par votre conseil ;
Vous-même avez dicté tout ce triste appareil :
Vous êtes près de lui le premier de l'empire.
Sait-il toute l'horreur que ce Juif vous inspire ?

AMAN.

Il sait qu'il me doit tout, et que pour sa grandeur
J'ai foulé sous les pieds remords, crainte, pudeur ;
Qu'avec un cœur d'airain exerçant sa puissance,
J'ai fait taire les lois et gémir l'innocence ;
Que pour lui des Persans bravant l'aversion,
J'ai chéri, j'ai cherché la malédiction.
Et pour prix de ma vie à leur haine exposée,
Le barbare aujourd'hui m'expose à leur risée.

ZARÈS.

Seigneur, nous sommes seuls. Que sert de se flatter ?
Ce zèle que pour lui vous fîtes éclater,
Ce soin d'immoler tout à son pouvoir suprême,
Et, sans chercher plus loin, tous ces Juifs désolés,
N'est-ce pas à vous seul que vous les immolez ?
Et ne craignez-vous point que quelque avis funeste...
Enfin, la cour nous hait, le peuple nous déteste.
Ce Juif même, il le faut confesser malgré moi,
Ce Juif, comblé d'honneur, me cause quelque effroi.
Les malheurs sont souvent enchaînés l'un à l'autre,
Et sa race toujours fut fatale à la vôtre.
De ce léger affront songez à profiter :
Peut-être la fortune est prête à vous quitter.
Aux plus affreux excès son inconstance passe :
Prévenez son caprice avant qu'elle se lasse.
Où tendez-vous plus haut ? Je frémis quand je vois
Les abîmes profonds qui s'ouvrent devant moi.
La chute désormais ne peut être qu'horrible.
Osez chercher ailleurs un destin plus paisible.
Regagnez l'Hellespont, et ces bords écartés,
Où vos aïeux errants jadis furent jetés,
Lorsque les Juifs contre eux la vengeance allumée
Chassa tout Amalec de la triste Idumée.
Aux malices du sort enfin dérobez-vous ;
Nos plus riches trésors marcheront devant nous.
Vous pouvez du départ me laisser la conduite ;
Surtout de vos enfants j'assurerai la fuite ;
N'ayez soin cependant que de dissimuler :
Contente, sur vos pas vous me verrez voler.
La mer la plus terrible et la plus orageuse
Est plus sûre pour nous que cette cour trompeuse.
Mais à grands pas vers vous je vois quelqu'un marcher :

SCÈNE II

AMAN, ZARÈS, HIDASPE.

HIDASPE.

Seigneur, je courais vous chercher :

Votre absence en c s lieux suspend toute la joie ;
Et pour vous y conduire Assuérus m'envoie.

AMAN.

Et Mardochée est-il aussi de ce festin ?

HIDASPE.

A la table d'Esther portez-vous ce chagrin ?
Quoi ! toujours de ce Juif l'image vous désole ?
Laissez-le s'applaudir d'un triomphe frivole.
Croit-il d'Assuérus éviter la rigueur ?
Ne possédez-vous pas son oreille et son cœur
On a payé le zèle, on punira le crime ;
Et l'on vous a, seigneur, orné votre victime.
Je me trompe, ou vos vœux par Esther secondés
Obtiendront plus encore que vous ne demandez.

AMAN.

Croirai-je le bonheur que ta bouche m'annonce ?

HIDASPE.

J'ai des savants devins entendu la réponse :
Ils disent que la main d'un perfide étranger
Dans le sang de la reine est prête à se plonger ;
Et le roi qui ne sait où trouver le coupable,
N'impute qu'aux seuls Juifs ce projet désestable.

AMAN.

Oui, ce sont, cher ami, des monstres furieux ;
Il faut craindre, surtout, leur chef audacieux.
La terre avec horreur dès longtemps les endure,
Et l'on n'en peut trop tôt délivrer la nature.
Ah ! je respire enfin. Chère Zarès, adieu.

HIDASPE.

Les compagnes d'Esther s'avancent vers ce lieu :

Sans doute leur concert va commencer la fête.
Entrez, et recevez l'honneur qu'on vous apprête.

SCÈNE III

ÉLISE, LE CHŒUR

(Ceci se récite sans chant)

Une des Israélites.

C'est Aman.

Une autre.

C'est lui-même, et j'en frémis, ma sœur.

La première.

Mon cœur de crainte et d'horreur se resserre.

L'autre.

C'est d'Israël le superbe oppresseur.

La première.

C'est celui qui trouble la terre.

ÉLISE.

Peut-on, en le voyant, ne le connaître pas ?
L'orgueil et le dédain sont peints sur son visage.

Une Israélite.

On lit dans ses regards sa fureur et sa rage.

Une autre.

Crois voir marcher la mort devant ses pas.

Une des plus jeunes.

Je ne sais si ce tigre a reconnu sa proie ;
Mais en nous regardant, mes sœurs, il m'a semblé
Qu'il avait dans les yeux une barbare joie,
Dont tout mon sang est encore troublé.

ÉLISE.

Que ce nouvel honneur va croître son audace !
Je le vois, mes sœurs, je le vois,
A la table d'Esther, l'insolent près du roi
A déjà pris sa place.

Une des Israélites.

Ministre du festin, de grâce, dites-nous
Quel mets à ce cruel, quel vin préparez-vous ?

Une autre

Le sang de l'orphelin ;

Une troisième.

Les pleurs des misérables,

La seconde.

Sont ses mets les plus agréables.

La troisième.

C'est son breuvage le plus doux.

ÉLISE.

Chères sœurs, suspendez la douleur qui vous presse,
Chantons, on nous l'ordonne ; et que puissent nos chants
Du chœur d'Assuérus adoucir la rudesse,
Comme autrefois David, par ses accords touchants,
Calmait d'un roi jaloux la sauvage tristesse ?

(Tout le reste de cette scène est chanté.)

Une Israélite.

Que le peuple est heureux,
Lorsqu'un roi généreux,
Craint dans tout l'univers, veut encore qu'on l'aime)
Heureux le peuple ! heureux le roi lui-même !

Tout le chœur.

O repos ! ô tranquillité !
Oh ! d'un parfait bonheur assurance éternelle
Quand la suprême autorité
Dans ses conseils a toujours auprès d'elle
La justice et la vérité.

(Les quatre stances suivantes sont chantées alternativement par une voix seul
et par tout le chœur.)

Une Israélite.

Rois, chassez la calomnie :
Ses criminels attentats
Des plus paisibles Etats
Troublent l'heureuse harmonie.
Sa fureur, de sang avide,
Poursuit partout l'innocent.
Rois, prenez soin de l'absent
Contre la langue homicide
De ce monde si farouche
Craignez la feinte douceur ;
La vengeance est dans son cœur,
Et la piété est dans sa bouche.
La fraude adroite et subtile
Sème de fleur son chemin ;
Mais sur ses pas vient enfin
Le repentir inutile.

Une Israélite seule.

D'un souffle l'aquillon écarte les nuages,
Et chasse au loin la foudre et les orages ;

Un roi sage, ennemi du langage menteur
Ecarte d'un regard le perfide imposteur.

Une autre.

J'admire un roi victorieux,
Que sa valeur conduit triomphant en tous lieux.
Mais un roi sage et qui hait l'injustice,
Qui sous la loi du riche impérieux
Ne souffre point que le pauvre gémisse,
Est le plus beau présent des cieux.

Une autre.

La veuve en sa défense espère.

Une autre.

De l'orphelin il est le père.

Toutes ensemble.

Et les larmes du juste implorant son appui,
Sont précieuses devant lui.

Une Israélite, seule.

Détourne, roi puissant, détourne les oreilles
De tout conseil barbare et mensonger.
Il est temps que tu t'éveilles,
Dans le sang innocent ta main va se plonger,
Pendant que tu sommeilles.
Détourne, roi puissant, détourne tes oreilles
De tout conseil barbare et mensonger.

Une autre.

Ainsi puisse sous toi trembler la terre entière !
Ainsi puisse à jamais contre les ennemis
Le bruit de ta valeur te servir de barrière !
S'ils t'attaquent, qu'ils soient en un moment soumis.
Que de ton bras la force les renverse,
Que de ton nom la terreur les disperse ;

Que tout le camp nombreux soit devant tes soldats
Comme d'enfants une troupe inutile,
Et si par un chemin il entre en tes Etats,
    Qu'il en sorte par plus de mille.

SCÈNE IV

ASSUÉRUS, ESTHER, AMAN, ELISE.

LE CHŒUR.

ASSUÉRUS, *à Esther*.

Oui, vos moindres discours ont des grâces secrètes,
Une noble pudeur à tout ce que vous faites
Donne un prix que n'ont point ni la pourpre ni l'or.
Quel climat renfermait un si rare trésor ?
Dans quel sein vertueux avez-vous pris naissance ?
Et quel main si sage éleva votre enfance ?
Mais dites promptement ce que vous demandez ;
Tout vos désirs, Esther, vous seront accordés,
Dussiez-vous, je l'ai dit, et veux bien le redire,
Demander la moitié de ce puissant empire.

ESTHER.

Je ne m'égare point dans ces vastes désirs ;
Mais, puisqu'il faut enfin expliquer mes soupirs,
Puisque mon roi lui-même à parler me convie,

(Elle se jette aux pieds du roi.)

J'ose vous implorer, et pour ma propre vie,
Et pour les tristes jours d'un peuple infortuné
Qu'à périr avec moi vous avez condamné.

ASSUÉRUS, *la relevant*.

A périr ! vous ? Quel peuple ? Et quel est ce mystère ?

AMAN, *à part.*

Je tremble.

ESTHER.

Esther, Seigneur, eut un Juif pour père ;
De vos ordres sanglants vous savez la rigueur.

AMAN, *à part.*

Ah ! Dieu !

ASSUÉRUS.

Ah ! de quel coup me percez-vous le cœur ?
Vous, la fille d'un Juif ! Et quoi ! tout ce que j'aime,
Cette Esther, l'innocence et la sagesse même,
Que je croyais du ciel les plus chères amours,
Dans cette source impure aurait puisé ses jours !
Malheureux !

ESTHER.

Vous pourrez rejeter ma prière ;
Mais je demande au moins que pour grâce dernière,
Jusqu'à la fin, Seigneur, vous m'entendiez parler,
Et que surtout Aman n'ose point me troubler.

ASSUÉRUS.

Parlez.

ESTHER.

O Dieu ! confonds l'audace et l'imposture.
Ces Juifs dont vous voulez délivrer la nature,
Que vous croyez, Seigneur, le rebut des humains,
D'une riche contrée autrefois souverains,
Pendant qu'ils n'adoraient que le Dieu de leurs pères,
Ont vu bénir le cours de leurs destins prospères.
Ce Dieu, maître absolu de la terre et des cieux,
N'est point tel que l'erreur le figure à vos yeux.

L'Eternel est son nom, le monde est son ouvrage,
Il entend les soupires de l'humble qu'on outrage,
Juge tous les mortels avec d'égales lois,
Et du haut de son trône interroge les rois.
Des plus fermes Etats la chute épouvantable
Quand il veut n'est qu'un jeu de sa main redoutable.
Les Juifs à d'autres dieux osèrent s'adresser :
Roi, peuples, en un jour tout se vit disperser :
Sous les Assyriens leur triste servitude
Devint le juste prix de leur ingratitude.
Mais pour punir enfin nos maîtres à leur tour,
Dieu fit choix de Cyrus avant qu'il vit le jour,
L'appela par son nom, le promit à la terre,
Le fit naître et soudain l'arma de son tonnerre,
Brisa les fiers remparts et les portes d'airain,
Mit des superbes rois la dépouille en sa main,
De son temple détruit vengea sur eux l'injure.
Babylone paya nos pleurs avec usure.
Cyrus par lui vainqueur publia ses bienfaits,
Regarda notre peuple avec des yeux de paix.
Nous rendit et nos lois et nos fêtes divines,
Et le temple déjà sortait de ses ruines.
Mais, de ce roi si sage héritier insensé,
Son fils interrompit l'ouvrage commencé,
Fut sourd à nos douleurs, Dieu rejeta sa race,
Le retrancha lui-même, et vous mit en sa place.

Que n'espérions-nous point d'un roi si généreux !
Dieu regarde en pitié son peuple malheureux,
Disions-nous ; un roi règne, ami de l'innocence.
Partout du nouveau prince on vantait la clémence.
Les Juifs partout de joie en poussèrent des cris.
Ciel ! verra-t-on toujours par de cruels esprits
Des princes les plus doux l'oreille environnée,
Et du bonheur public la source empoisonnée !
Dans le fond de la Thrace un barbare enfanté
Est venu dans ces lieux souffler la cruauté ;
Un ministre ennemi de votre propre gloire...

AMAN.

De votre gloire ! moi ? Ciel ! le pourriez-vous croire ?
Moi qui n'ai d'autre objet ni d'autre Dieu...

ASSUÉRUS.

Tais-toi
Oses-tu donc parler sans l'ordre de ton roi ?

ESTHER.

Notre ennemi cruel devant vous se déclare.
C'est lui ! c'est ce ministre infidèle et barbare,
Qui d'un zèle trompeur à vos yeux revêtu,
Contre votre innocence arma votre vertu,
Et quel autre, grand Dieu ! qu'un Scythe impitoyable,
Aurait de tant d'horreurs dicté l'ordre effroyable ?
Partout l'affreux signal en même temps donné
De meurtres remplira l'univers étonné.
On verra, sous le nom du plus juste des princes,
Un perfide étranger désoler vos provinces,
Et dans ce palais même en proie en son courroux,
Le sang de vos sujets regorger jusqu'à vous.
Et que reproche aux Juifs sa haine envenimée ?
Quelle guerre intestine avons-nous allumée ?
Les a-t-on vu marcher parmi vos ennemis ?
Fut-il jamais au joug esclaves plus soumis ?
Adorant dans leurs fers le Dieu qui les châtie,
Pendant que votre main sur eux appesantie,
A leurs persécuteurs les livrait sans secours,
Ils conjuraient ce Dieu de veiller sur vos jours,
De rompre des méchants les trames criminelles,
De mettre votre trône à l'ombre de ses ailes.
N'en doutez point, seigneur, il fut votre soutien ;
Lui seul mit à vos pieds le Parthe et l'Indien :
Dissipa devant vous les innombrables Scythes,
Et renferma les mers dans leurs vastes limites.
Lui seul aux yeux d'un Juif découvrit le dessein
De deux traîtres tout prêts à vous percer le sein.
Hélas ! ce Juif jadis m'adopta pour sa fille.

ASSUÉRUS.

Mardochée ?

ESTHER.

Il restait seul de notre famille,
Mon père était son frère. Il descend, comme moi,
Du sang infortuné de notre premier roi ;
Plein d'une juste horreur pour un Amalécite,
Race que notre Dieu de sa bouche a maudite,
Il n'a devant Aman pu fléchir les genoux,
Ni lui rendre un honneur qu'il ne croit dû qu'à vous :
De là contre les Juifs et contre Mardochée
Cette haine, seigneur, sous d'autres noms cachée ;
En vain de vos bienfaits Mardochée est paré :
A la porte d'Aman est déjà préparé
D'un infâme trépas l'instrument exécrable :
Dans une heure au plus tard ce vieillard vénérable,
Des portes du palais par son ordre arraché,
Couvert de votre pourpre y doit être attaché.

ASSUÉRUS.

Quel jour mêlé d'horreur vient effrayer mon âme !
Tout mon sang de colère et de honte s'enflamme.
J'étais donc le jouet... Ciel ! daigne m'éclairer !
Un moment sans témoins cherchons à respirer.
Appelez Mardochée, il faut aussi l'entendre.

(Le roi s'éloigne..)

Une Israélite.

Vérité que j'implore, achève de descendre !

SCÈNE V

ESTHER, AMAN, ELISE. LE CŒUR.

AMAN, à Esther.

D'un juste étonnement je demeure frappé.
Les ennemis des Juifs m'ont trahi, m'ont trompé.

J'en atteste du ciel la puissance suprême,
En les perdant, j'ai cru vous assurer vous-même ;
Princesse, en leur faveur employez mon crédit ;
Le roi, vous le voyez, flotte encore interdit.
Je sais par quels ressorts on le pousse, on l'arrête ,
Et fait, comme il me plaît, le calme et la tempête.
Les intérêts des Juifs déjà me sont sacrés.
Parlez : vos ennemis aussitôt massacrés,
Victimes de la foi que ma bouche vous jure,
De ma fatale erreur répareront l'injure.
Quel sang demandez-vous ?

ESTHER.

                Va, traître, laisse-moi,
Les Juifs n'attendent rien d'un méchant tel que toi.
Misérable ! le Dieu vengeur de l'innocence,
Tout prêt à te juger, tient déjà sa balance ;
Bientôt son juste arrêt te sera prononcé.
Tremble : son jour approche, et ton règne est passé.

AMAN.

Oui, ce Dieu, je l'avoue, est un Dieu redoutable.
Mais veut-il que l'on garde une haine implacable ?
C'en est fait ! mon orgueil est forcé de plier.
L'inexorable Aman est réduit à prier.

(Il se jette à ses pieds,)

Par le salut des Juifs, par ces pieds que j'embrasse,
Par ce sage vieillard, l'honneur de votre race,
Daignez d'un roi terrible apaiser le courroux :
Sauvez Aman qui tremble à vos sacrés genoux.

SCÈNE VI

ASSUERUS, ESTHER, AMAN, ELISE.

ASSUÉRUS.

Quoi ! le traître sur vous porte ses mains hardies !
Ah ! dans ses yeux confus je lis ses perfidies !

Et son trouble appuyant la foi de vos discours,
De tous ses attentats me rappelle le cours.
Qu'à ce monstre à l'instant l'âme soit arrachée,
Et que devant sa porte, au lieu de Mardochée,
Apaisant par sa mort et la terre et les cieux,
De mes peuples vengés il repaisse le yeux.

(Aman est emmené par les gardes.)

SCÈNE VII

ASSUERUS, ESTHER, MARDOCHÉE, ELISE.

LE CHOEUR.

ASSUÉRUS *continue en s'adressant à Mardochée.*

Mortel chéri du ciel, mon salut et ma joie,
Aux conseils des méchants ton roi n'est plus en proie.
Mes yeux sont dessillés, le crime est confondu ;
Viens briller près de moi dans le rang qui t'est dû ;
Je te donne d'Aman les biens et la puissance :
Possède justement son injuste opulence.
Je romps le joug funeste où les Juifs sont soumis,
Je leur livre le sang de tous leurs ennemis :
A l'égal des Persans je veux qu'on les honore,
Et que tout tremble au nom du Dieu qu'Esther adore.
Rebâtissez son temple et peuplez vos cités :
Que vos heureux enfants, dans leurs solennités,
Consacrent de ce jour le triomphe et la gloire,
Et qu'à jamais mon nom vive dans leur mémoire.

SCÈNE VIII

ASSUÉRUS, ESTHER, MARDOCHÉE, ELISE, ASAPH, LE CHOEUR.

ASSUÉRUS.

Que veut Asaon ?

ASAPH.

Seigneur, le traître est expiré,
Par le peuple en fureur à moitié déchiré.
On traîne, on va donner en spectacle funeste
De son corps tout sanglant le misérable reste.

MARDOCHÉE.

Roi, qu'à jamais le ciel prenne soin de vos jours !
Le péril des Juifs presse et veut un prompt secours.

ASSUÉRUS:

Oui, je l'entends. Allons,par des ordre contraires,
Révoquer d'un méchant les ordres sanguinaires.

ESTHER.

O Dieu ! par quelle route inconnue aux mortels
Ta sagesse conduit ses desseins éternels !

SCÈNE IX ET DERNIÈRE

LE CHŒUR.

Tout le chœur.

Dieu fait triompher l'innocence :
Chantons, célébrons sa puissance.

Une Israélite ,

Il a vu contre nous des méchants s'assembler,
Et notre sang prêt à couler.
Comme l'eau sur la terre ils allaient le répandre ·
Du haut du ciel sa voix se fait entendre ;
L'homme superbe est renversé,
Ses propres flèches l'ont percé.

Une autre.

J'ai vu l'impie adoré sur la terre ;
    Pareil au cèdre, il cachait dans les cieux
        Son front audacieux ;
Il semblait à son gré gouverner le tonnerre,
    Foulait aux pieds ses ennemis vaincus :
Je n'ai fait que passer, il n'était déjà plus.

Une autre.

On peut des plus grands rois surprendre la justice ;
        Incapables de tromper,
        Ils ont peine à s'échapper
        Des piéges de l'artifice.
Un cœur noble ne peut soupçonner en autrui
        La bassesse et la malice
        Qu'il ne sent point en lui.

Une autre.

    Comment s'est calmé l'orage ?

Une autre.

Quelle main salutaire a chassé le nuage ?

Tout le chœur.

L'aimable Esther a fait ce grand ouvrage.

Une Israélite, seule.

De l'amour de son Dieu son cœur s'est embrasé.
        Au péril d'une mort funeste
        Son zèle ardent s'est exposé ;
    Elle a parlé : le ciel a fait le reste.

Deux Israélites.

Esther a triomphé des filles des Persans ;
La nature et le ciel à l'envi l'ont ornée.

L'une des deux,

Tout ressent de ses yeux les charmes innocents
Jamais tant de beaúté fut-elle couronnée ?

L'autre.

Les charmes de son cœur sont encore plus puissants,
Jamais tant de vertu fut-elle couronnée ?

Toutes deux ensemble.

Esther a triomphé des filles des Persans ;
La nature et le ciel à l'envi l'ont ornée.

Une Israélite, seule.

Ton Dieu n'est plus irrité ;
Réjouis-toi, Sion, et sors de la poussière ;
Quitte les vêtements de ta captivité,
Et reprends ta splendeur première :
Les chemins de Sion à la fin sont ouverts ;
Rompez vos fers,
Tribus captives,
Troupes fugitives ;
Repassez les monts et les mers,
Rassemblez-vous des bouts de l'univers.

Tout le chœur.

Rompez vos fers,
Tribus captives,
Troupes fugitives,
Repassez les monts et les mers ;
Rassemblez-vous des bouts de l'univers.

Une Israélite, seule.

Je reverrai ces campagnes si chères

Une autre.

J'irai pleurer au tombeau de mes pères.

Tout le chœur.

Repassez les monts et les mers ;
Rassemblez-vous des bouts de l'univers.

Une Israélite, seule.

Relevez, relevez les superbes portiques
Du temple où notre Dieu se plait d'être adoré :
Que de l'or le plus pur son autel soit paré,
Et que du sein des monts le marbre soit tiré.
Liban, dépouille-toi de tes cèdres antiques,
Prêtres sacrés, préparez vos cantiques.

Une autre.

Dieu descend et revient habiter parmi nous ;
Terre, frémis d'allégresse et de crainte,
Et vous, sous sa majesté sainte,
Cieux ! abaissez-vous ?

Une autre.

Que le Seigneur est bon ! que son joug est aimable !
Heureux qui dès l'enfance en connaît la douceur !
Jeune peuple, courez à ce maître adorable ;
Les biens les plus charmants n'ont rien de comparable
Aux torrents de plaisir qu'il répand dans un cœur !
Que le seigneur est bon ! que son joug est aimable !
Heureux qui dès l'enfance en connaît la douceur !

Une autre.

Il s'apaise, il pardonne :
Du cœur ingrat qui l'abandonne
Il attend le retour.
Il excuse notre faiblesse ;
A nous chercher même il s'empresse.
Pour l'enfant qu'elle a mis au jour
Une mère a moins de tendresse.
Ah ! qui peut avec lui partager notre amour ?

Trois Israélites.

Il nous fait remporter une illustre victoire.

L'une des trois.

Il nous a révélé sa gloire.

Toutes trois ensemble.

Ah ! qui peut avec lui partager notre amour ?

Tout le chœur.

Que son nom soit béni. Que son nom soit chanté.
Que l'on célèbre ses ouvrages
Au delà des temps et des âges,
Au-delà de l'éternité !

FIN D'ESTHER.

LA RELIGION

POEME

PAR LOUIS RACINE

CHANT PREMIER

La raison dans mes vers conduit l'homme à la foi.
C'est elle qui, portant son flambeau devant moi,
M'encourage à chercher mon appui véritable,
M'apprend à la connaître, et me la rend aimable.
Faux sages, faux savants, indociles esprits,
Un moment, fiers mortels, suspendez vos mépris.
La raison, dites vous, doit être notre guide :
A tous mes pas aussi cette raison préside.
Sous la divine loi que vous osez braver,
C'est elle-même ici qui va me captiver,
Et parle à tous les cœurs qu'elle invite à s'y rendre :
Vous donc qui la vantez, daignez au moins l'entendre.
Et vous qui du saint joug connaissez tout le prix,
C'est encore pour vous que ces vers sont écrits.
Celui que la grandeur remplit de son ivresse
Relit avec plaisir ses titres de noblesse :
Ainsi le vrai chrétien recueille avec ardeur
Les preuves de sa foi, titres de sa grandeur :
Doux trésor qui d'une âme à ses biens attentive
Rend l'amour plus ardent, l'espérance plus vive.

Poésies   5

Et qui de nous, hélas ! n'a jamais chancelé ?
Le prophète lui-même est souvent ébranlé,
Il n'est point ici-bas de lumières sans ombres.
Dieu ne s'y montre à nous que sous des voiles sombres :
La colonne qui luit dans ce désert affreux
Tourne aussi quelquefois son côté ténébreux.
Puissent mes heureux chants consoler le fidèle !
Et puissent-ils aussi confondre le rebelle !

L'hommage t'en est dû, je te l'offre, ô grand roi !
L'objet de mes travaux les rend dignes de toi.
Quand, de l'impiété poursuivant l'insolence,
De la religion j'embrasse la défense,
Oserais-je tenter ces chemins non frayés,
Si tu n'étais l'appui de mes pas effrayés ?
Ton nom, roi très-chrétien, fils aîné d'une mère
Qui t'inspire un respect si tendre et si sincère ;
Ton nom que seul me rassure et, mieux que tous mes vers,
Confond les ennemis du maître que tu sers.

Et toi, de tous les cœurs la certaine espérance,
Et du bonheur public la seconde assurance,
Cher prince, en qui le ciel fait croître chaque jour
Les grâces et l'esprit, autant que notre amour,
Dans le hardi projet de mon pénible ouvrage,
Daigne au moins d'un regard animer mon courage.
C'est la foi que je chante, et ceux dont tu la tiens
En furent de tout temps les augustes soutiens.

Oui, c'est un Dieu caché que le Dieu qu'il faut croire.
Mais, tout caché qu'il est, pour révéler sa gloire,
Quels témoins éclatants devant moi rassemblés !
Répondez, cieux et mers ; et vous, terre, parlez.
Quel bras peut vous suspendre, innombrables étoiles ?
Nuit brillante, dis-nous qui t'a donné les voiles !
O cieux, que de grandeur, et quelle majesté ?
J'y reconnais un maître à qui rien n'a coûté,
Et qui dans nos déserts a semé la lumière,
Ainsi que dans nos champs il sème la poussière.
Toi qu'annonce l'aurore, admirable flambeau,
Astre toujours le même, astre toujours nouveau,
Par quel ordre, ô soleil ! viens-tu du sein de l'onde
Nous rendre les rayons de ta clarté féconde ?
Tous les jours je t'attends : tu reviens tous les jours :
Est-ce moi qui t'appelle et qui règle ton cours ?
Et toi, dont le courroux veut engloutir la terre,
Mer terrible, en ton lit quelle main te resserre ?
Pour forcer ta prison tu fais de vains efforts,
La rage de tes flots expire sur tes bords.
Fais sentir ta vengeance à ceux dont l'avarice
Sur ton perfide sein va chercher son supplice.
Hélas ! prêts à périr, t'adressent-ils leurs vœux ?
Ils regardent le ciel, secours des malheureux ;
La nature, qui parle en ce péril extrême,
Leur fait lever les mains vers l'asile suprême :

Hommage que toujours rend un cœur effraye
Au Dieu que jusqu'alors il avait oublié.
    La voix de l'univers à ce Dieu me rappelle.
La terre le publie. Est-ce moi, me dit-elle,
Est-ce moi qui produis mes riches ornements?
C'est celui dont la main posa mes fondements.
Si je sers tes besoins, c'est lui qui me l'ordonne ;
Les présents qu'il me fait, c'est à toi qu'il les donne :
Je me pare des fleurs qui tombent de sa main :
Il ne fait que l'ouvrir, et m'en remplit le sein.
Pour consoler l'espoir du laboureur avide,
C'est lui qui dans l'Egypte, où je suis trop aride,
Veut qu'au moment prescrit le Nil, loin de ses bords
Répandu sur ma plaine, y porte mes trésors
A de moindres objets tu peux le reconnaître :
Contemple seulement l'arbre que je fais croître.
Mon suc, dans la racine à peine répandu,
Du tronc qui le reçoit à la branche est rendu,
La feuille me demande, et la branche fidèle,
Prodigue de son bien, le partage avec elle
De l'éclat de ses fruits justement enchanté,
Ne méprise jamais ces plantes sans beauté,
Troupe obscure et timide, humble et faible vulgaire :
Si tu sais découvrir leur vertu salutaire,
Elles pourront servir à prolonger tes jours.
Et ne t'afflige pas si les leurs sont si courts :
Toute plante en naissant déjà renferme en elle
D'enfants qui la suivront une race immortelle :
Chacun de ses enfants, dans ma fécondité,
Trouve un gage nouveau de sa postérité.
    Ainsi parle la terre ; et, charmé de l'entendre
Quand je vois par ces nœuds que je ne puis comprendre
Tant d'êtres différents l'un à l'autre enchaînés,
Vers une même fin l'un et l'autre entraînés,
A l'ordre général conspirer tous ensemble,
Je reconnais partout la main qui les rassemble ;
Et d'un dessein si grand j'admire l'équité,
Non moins que la sagesse et la simplicité.
Mais pour toi, que jamais ces miracles n'étonnent,
Stupide spectateur des biens qui t'environnent,
O toi qui follement fais ton Dieu du hasard,
Viens me développer ce nid qu'avec tant d'art
Au même ordre toujours architecte fidèle,
A l'aide de son bec maçonna l'hirondelle ;
Comment, pour élever ce hardi bâtiment,
A-t-elle en le broyant arrondi son ciment ?
Et pourquoi ces oiseaux, si remplis de prudence,
Ont-ils de leurs enfants su prévoir la naissance ?
Que de berceaux pour eux aux arbres suspendus !
Sur le plus doux coton que de lits étendus !
Le père vole au loin, cherchant dans la campagne
Des vivres qu'il rapporte à sa tendre compagne ;

Et la tranquille mère attendant son secours
Echauffe dans son sein le fruit de leurs amours,
Des ennemis souvent ils repoussent la rage,
Et dans de faibles corps s'allume un grand courage ;
Si chèrement aimés, leurs nourrissons un jour,
Aux fils qui naîtront d'eux rendront le même amour.
Quand des nouveaux zéphyrs l'haleine parfumée
Allumera pour eux le flambeau d'hyménée,
Fidèlement unis par leurs tendres liens,
Ils rempliront les airs de nouveaux citoyens :
Innombrable famille, où bientôt tant de frères
Ne reconnaîtront plus leurs aïeux ni leurs pères.
Ceux qui, de nos hivers redoutant le courroux,
Vont se réfugier dans des climats plus doux,
Ne laisseront jamais la saison rigoureuse
Surprendre parmi nous leur troupe paresseuse,
Dans un sage conseil par les chefs assemblés,
Du départ général le grand jour est réglé ;
Il arrive, tout part : le plus jeune peut-être
Demande, en regardant les lieux qui l'ont vu naître,
Quand viendra ce printemps par qui tant d'exilés
Dans les champs paternels se verront rappelés.
    A nos yeux attentifs que le spectacle change !
Retournons sur la terre, où jusque dans la fange
L'insecte nous appelle, et, certain de son prix,
Ose nous demander raison de nos mépris.
De secrètes beautés quel amas innombrable !
Plus l'auteur s'est caché, plus il est admirable.
Quoiqu'un fier éléphant, malgré l'énorme tour
Qui de son vaste dos me cache le contour,
S'avance sans ployer sous ce poids qu'il méprise,
Je ne t'admire pas avec moins de surprise,
Toi qui vis dans la boue, et traîne ta prison ;
Toi que souvent ma haine écrase avec raison ;
Toi-même, insecte impur, quand tu me développes
Les étonnants ressorts de tes longs télescopes ;
Oui, toi, lorsqu'à mes yeux tu présentes les tiens,
Qu'élèvent par degrés leurs mobiles soutiens ;
C'est dans un faible objet, imperceptible ouvrage,
Que l'art de l'ouvrier me frappe davantage.
Dans un champ de blés murs, tout un peuple prudent
Rassemble pour l'Etat un trésor abondant.
Fatigués du butin qu'ils traînent avec peine,
De faibles voyageurs arrivent sans haleine
A leurs greniers publics, immenses souterrains,
Où par eux en monceaux sont élevés ces grains,
Dont le père commun de tous tant que nous sommes
Nourrit également les fourmis et les hommes.
Et tous nourris par lui, nous passons sans retour,
Tandis qu'une chenille est rappelée au jour.
De l'empire de l'air cet habitant volage,
Qui porte à tant de fleurs son inconstant hommage,

Et leur ravit un suc qui n'était pas pour lui,
Chez ses frères rampants qu'il méprise aujourd'hui,
Sur la terre autrefois traînant sa vie obscure,
Semblait vouloir cacher sa honteuse figure.
Mais les temps sont changés, sa mort fut un sommeil.
On le vit plein de gloire à son brillant réveil,
Laissant dans le tombeau sa dépouille grossière,
Par un sublime essor voler vers la lumière.
O ver à qui je dois mes plus beaux vêtements,
De tes travaux si courts que les fruits sont charmants!
N'est-ce donc que pour moi que tu reçois la vie?
Ton ouvrage achevé, la carrière est finie :
Tu laisses de ton art des héritiers nombreux,
Qui ne verront jamais leur père malheureux.
Je te plains, et j'ai dû parler de tes merveilles ;
Mais ce n'est qu'à Virgile à chanter les abeilles.
Le roi pour qui sont faits tant de biens précieux,
L'homme élève un front noble, et regarde les cieux.
Ce front, vaste théâtre où l'âme se déploie,
Est tantôt éclairé des rayons de la joie,
Tantôt enveloppé du chagrin ténébreux.
L'amitié tendre et vive y fait briller ses feux
Qu'en vain veut imiter, dans son zèle perfide,
La trahison, que suit l'envie au teint livide.
Un mot y fait rougir la timide pudeur.
Le mépris y réside, ainsi que la candeur,
Le modeste respect, l'imprudente colère,
La crainte et la pâleur, sa compagne ordinaire,
Qui dans tous les périls funestes à mes jours,
Plus prompte que ma voix, appelle du secours.
A me servir aussi cette voix empressée,
Loin de moi, quand je veux, va porter ma pensée ;
Messagère de l'âme interprète du cœur,
De la société je lui dois la douceur.
Quelle foule d'objets l'œil réunit ensemble !
Que de rayons épars ce cercle étroit rassemble !
Tout s'y peint tour à tour. Le mobile tableau
Frappe un nerf qui l'élève et le porte au cerveau.
D'innombrables filets, ciel ! quel tissus fragile !
Cependant ma mémoire en a fait son asile,
Et tient dans un dépôt fidèle et précieux
Tout ce que m'ont appris mes oreilles, mes yeux ;
Elle y peut à toute heure et remettre et reprendre,
M'y garder mes trésors, exacte à me les rendre.
Là ces esprits subtils, toujours prêts à partir,
Attendent le signal qui les doit avertir.
Mon âme les envoie, et, ministres dociles,
Je les sens répandus dans mes membres agiles ;
A peine ai-je parlé, qu'ils sont accourus tous.
Invisibles sujets, quel chemin prenez-vous?
Mais qui donne à mon sang cette ardeur salutaire?
Sans mon ordre il nourrit ma chaleur nécessaire.

D'un mouvement égal il agite mon cœur ;
Dans ce centre fécond il forme sa liqueur,
Il vient me réchauffer par sa rapide course ;
Plus tranquille et plus froid il remonte à sa source,
Et toujours s'épuisant se ranime toujours.
Les portes des canaux destinés à son cours
Ouvrent à son entrée une libre carrière,
Prêtes, s'il reculait, d'opposer leur barrière.
Ce sang pur s'est formé d'un grossier aliment,
Changement que doit suivre un nouveau changement ;
Il s'épaissit en chair dans mes chairs qu'il arrose,
En ma propre substance il se métamorphose.
Est-ce moi qui préside au maintien de ces lois,
Et pour les établir ai-je donné ma voix ?
Je les connais à peine. Une attentive adresse
Tous les jours m'en découvre et l'ordre et la sagesse.
De cet ordre secret reconnaissons l'auteur.
Fut-il jamais des lois sans un législateur ?
Stupide impiété, quand pourras-tu comprendre
Que l'œil est fait pour voir, l'oreille pour entendre ?
Ces oreilles, ces yeux, celui qui les a faits,
Est-il aveugle et sourd ? Que d'ouvrages parfaits,
Que de riches présents l'annonce sa puissance !
Où sont-ils ces objets de ma reconnaissance ?
Est-ce un coteau riant ? Est-ce un riche vallon ?
Hâtons-nous d'admirer ; le cruel aquilon
Va rassembler sur nous son terrible cortége,
Et la foudre et la pluie, et la grêle et la neige ;
L'homme a perdu ses biens, la terre ses beautés ;
Et plus loin qu'offre-t-elle à nos yeux attristés ?
Des antres, des volcans et des mers inutiles,
Des abîmes sans fin, des montagnes stériles,
Des ronces, des rochers, des sables, des déserts.
Ici de ses poisons elle infecte les airs ;
Là rugit le lion, ou rampe la couleuvre.
De ce Dieu si puissant voilà donc le chef-d'œuvre !

    Et tu crois, ô mortel, qu'à ton moindre soupçon,
Aux pieds du tribunal qu'érige la raison
Ton maître obéissant doit venir te répondre ?
Accusateur aveugle, un mot va te confondre.
Tu n'aperçois encor que le coin du tableau,
Le reste t'est caché sous un épais rideau ;
Et tu prétends déjà juger de tout l'ouvrage !
A ton profit, ingrat, je vois une main sage
Qui ramène ces maux dont tu te plains toujours,
Notre art des poisons même emprunte du secours.
Mais pourquoi ces rochers, ces vents et ces orages ?
Daigne apprendre de moi leurs secrets avantages,
Et ne consulte plus tes yeux souvent trompeurs.

    La mer, dont le soleil attire les vapeurs,
Par ces eaux qu'elle perd voit une mer nouvelle
Se former, s'élever et s'étendre sur elle.

De nuages légers cet amas précieux,
Que dispersent au loin les vents officieux,
Tantôt féconde pluie arrose nos campagnes,
Tantôt retombe en neige et blanchit nos montagnes.
Sur ces rocs sourcilleux, de frimas couronnés,
Réservoir des trésors qui nous sont destinés,
Les flots de l'Océan. apportés goutte à goutte,
Réunissent leur force et s'ouvrent une route.
Jusqu'au fond de leur sein lentement répandus.
Dans leurs veines errants, à leurs pieds descendus,
Nous les voyons enfin sortir à pas timides,
D'abord faibles ruisseaux, bientôt fleuves rapides.
Des racines des monts qu'Annibal sut franchir,
Indolent Ferraris, le Pô va t'enrichir.
Impétueux enfant de cette longue chaîne,
Le Rhône suit vers nous le penchant qui l'entraîne ;
Et son frère, emporté par un contraire choix,
Sorti du même sein va chercher d'autres lois.
Mais enfin, terminant leurs courses vagabondes,
Leur antique séjour redemande leurs ondes,
Ils les rendent aux mers ; le soleil les reprend,
Sur les monts, dans les champs. l'aquilon nous les rend.
Telle est de l'univers la constante harmonie.
De son empire heureux la discorde est bannie ;
Tout conspire pour nous, les montagnes, les mers,
L'astre brillant du jour, les fiers tyrans des airs.
Puisse le même accord régner parmi les hommes !
  Reconnaissons du moins celui par qui nous sommes,
Celui qui fait tout vivre, et qui fait tout mouvoir.
S'il donne l'être à tout, l'a-t-il pu recevoir ?
Il précède les temps : qui dira sa naissance ?
Par lui l'homme, le ciel, la terre, tout commence,
Et lui seul infini n'a jamais commencé.
  Quelle main, quel pinceau dans mon âme a tracé
D'un objet infini l'image incomparable ?
Ce n'est point à mes sens que j'en suis redevable.
Mes yeux n'ont jamais vu que des objets bornés,
Impuissants, malheureux, à la mort destinés.
Moi-même je me place en ce rang déplorable,
Et ne puis me cacher mon malheur véritable.
Mais d'un Etre éternel je me suis souvenu
Dès le premier instant que je me suis connu.
D'un maître souverain redoutant la puissance,
J'ai, malgré ma fierte, senti ma dépendance.
Qu'il est dur d'obéir et de s'humilier !
Notre orgueil cependant est contraint de plier ;
Devant l'Etre éternel tous les peuples s'abaissent ;
Toutes les nations en tremblant le confessent.
Quelle force invisible a soumis l'univers ?
L'homme a-t il mis sa gloire à se forger des fers
  Oui, je trouve partout des respects unanimes.
Des temples, des autels, des prêtres. des victimes

Le ciel reçut toujours nos vœux et notre encens.
Nous pouvons, je l'avoue, esclaves de nos sens,
De la divinité défigurer l'image ;
A des dieux mugissants l'Egypte rend hommage ;
Mais dans ce bœuf impur qu'elle daigne honorer,
C'est un Dieu cependant qu'elle croit adorer.
L'esprit humain s'égare, et follement crédules,
Les peuples se sont fait des maîtres ridicules.
Ces maîtres toutefois, par l'erreur encensés,
Jamais impunément ne furent offensés :
On détesta Mézence ainsi que Salmonée,
Et l'horreur suit encore le nom de Capanée.
Un impie en tout temps fut un monstre odieux :
Et quand, pour me guérir de la crainte des dieux,
Epicure en secret médite son système,
Aux pieds de Jupiter je l'aperçois lui-même.

Surpris de son aveu, je l'entends en effet
Reconnaître un pouvoir dont l'homme est le jouet,
Un ennemi caché qui réduit en poussière
De toutes nos grandeurs la pompe la plus fière.
Peuples, rois, vous mourrez, et vous villes aussi :
La gît Lacédémone, Athènes fut ici.
Quels cadavres épars dans la Grèce déserte !
Eh ! que vois-je partout ? la terre n'est couverte
Que de palais détruits, de trônes renversés,
Que de lauriers flétris, que de sceptres brisés.
Où sont, fière Memphis, tes merveilles divines ?
Le temps a dévoré jusqu'à tes propres ruines.
Que de riches tombeaux élevés en tous lieux,
Superbes monuments qui portent jusqu'aux cieux
Du néant des humains l'orgueilleux témoignage,
A ce pouvoir si saint tout mortel rend hommage.
Aux pieds de son idole un barbare à genoux
D'un être destructeur vient fléchir le courroux.
Être altéré de sang, je te vais satisfaire,
Que cette autre victime apaise ta colère ;
J'arrose ton autel du sang de cet agneau.
N'en es-tu pas content ? Te faut-il un taureau ?
Faut-il une hécatombe à ta haine implacable ?
Pour mieux me remplacer, te faut-il mon semblable ?
Faut-il mon fils ? Je viens l'égorger devant toi.
De ce sang enivré, cruel, épargne-moi.

Ces épaisses forêts qui couvrent les contrées
Par un vaste océan des nôtres séparées
Renferment, dira-t-on, de tranquilles mortels,
Qui jamais à des dieux n'ont élevé d'autels.
Quand d'obscurs voyageurs racontent ces nouvelles,
Croirai-je des témoins si souvent infidèles ?
Supposons cependant tous leurs rapports certains ;
Comment opposerais-je au reste des humains
Un stupide sauvage errant à l'aventure,

À peine de nos traits conservent la figure;
Un méprisable peuple égaré dans les bois,
Sans maîtres, sans états, sans villes et sans lois?
Qu'à bon droit, libertins, vous êtes méprisables,
Lorsque dans ces forêts vous cherchez vos semblables
    Ces hommes toutefois à ce point abrutis,
Dans la nuit de leurs sens tristement engloutis,
Montrent quelques rayons d'une image divine,
Restes défigurés d'une illustre origine.
Il est une justice et des devoirs pour eux :
Du sang qui les unit ils connaissent les nœuds.
Au plus barbare époux la tendre épouse est chère;
Il chérit son enfant, il respecte son père.
La nature sur nous ne perd point tous ses droits.
    Mais ces droits que sont-ils? D'imaginaires lois.
Quand d'un être vengeur j'ai secoué la crainte,
Ne peuvent sur mon âme établir leur contrainte.
C'est pour moi que je vis, je ne dois rien qu'à moi.
La vertu n'est qu'un nom, mon plaisir est ma loi.
    Ainsi parle l'impie, et lui-même est l'esclave
De la foi, de l'honneur, de la vertu qu'il brave;
Dans ses honteux plaisirs, s'il cherche à se cacher,
Un éternel témoin les lui vient reprocher;
Son juge est dans son cœur, tribunal où réside
Le censeur de l'ingrat, du traître, du perfide.
Par ses affreux complots nous a-t-il outragés,
La peine suit de près, et nous sommes vengés.
De ses remords secrets triste et lente victime,
Jamais un criminel ne s'absout de son crime.
Sous des lambris dorés ce triste ambitieux
Vers le ciel, sans pâlir, n'ose lever les yeux.
Suspendu sur sa tête, un glaive redoutable
Rend fades tous les mets dont on couvre sa table.
Le cruel repentir est le premier bourreau
Qui dans un sein coupable enfonce le couteau.
Des chagrins dévorants attachés sur Tibère,
La cour de ses flatteurs veut enfin le distraire.
Maître du monde entier, qui peut l'inquiéter ?
Quel juge sur la terre a-t-il à redouter ?
Cependant il se plaint, il gémit, et ses vices
Sont ses accusateurs, ses juges, ses supplices.
Toujours ivre de sang, et toujours altéré.
Enfin par ses forfaits au désespoir livré,
Lui-même étale aux yeux du sénat qu'il outrage
De son cœur déchiré la déplorable image.
Il périt chaque jour consumé de regrets,
Tyran plus malheureux que ses tristes sujets.
    Ainsi de la vertu les lois sont éternelles.
Les peuples ni les rois ne peuvent rien contre elles
Les dieux que révéra notre stupidité
N'obscurcirent jamais sa constante beauté;
Et les Romains, enfants d'une impure déesse,

En dépit de Vénus admirèrent Lucrèce.
Je l'apporte en naissant, elle est écrite en moi;
Cette loi qui m'instruit de tout ce que je dois
A mon père, à mon fils, à ma femme, à moi-même,
A toute heure je lis dans ce code suprême
La loi qui me défend le vol, la trahison,
Cette loi qui précède et Lycurgue et Solon.
Avant même que Rome eût gravé douze tables,
Métius et Tarquin n'étaient pas moins coupables.
Je veux perdre un rival. Qui me retient le bras?
Je le veux, je le puis, et je n'achève pas.
Je crains plus de mon cœur le sanglant témoignage
Que la sévérité de tout l'Aréopage.
La vertu, qui n'admet que de sages plaisirs,
Semble d'un ton trop dur gourmander nos désirs.
Mais quoique pour la suivre il coûte quelques larmes,
Tout austère qu'elle est nous admirons ses charmes.
Jaloux de ses appas, dont il est le témoin,
Le vice, son rival, la respecte de loin.
Sous ses nobles couleurs souvent il se déguise,
Pour consoler du moins l âme qu'il a surprise.
Adorable vertu, que tes divins attraits
Dans un cœur qui te perd laissent de longs regrets!
De celui qui te hait ta vue est le supplice,
Parais : que le méchant te regarde et frémisse.
La richesse, il est vrai, la fortune te fuit ;
Mais la paix t'accompagne, et la gloire te suit.
Et perdant tout pour toi, l'heureux mortel qui t'aime,
Sans biens, sans dignités, se suffit à lui-même.
Mais lorsque nous voulons sans toi nous contenter,
Importune vertu, pourquoi nous tourmenter?
Pourquoi par des remords nous rendre misérables?
Qui t'a donné ce droit de punir les coupables?
Laisse-nous en repos, cesse de nous charmer,
Et qu'il nous soit permis de ne te point aimer.
Non, tu seras toujours, par ta seule présence,
Ou notre désespoir ou notre récompense.
Qui te pourra, grand Dieu, méconnaître à ces traits?
Tu nous parles sans cesse, et les hommes distraits
N'écoutent point la voix qui frappe leurs oreilles.
Tu fais briller partout tes dons et tes merveilles;
Mais sur la terre, hélas ! admirant tes bienfaits,
Nos regards jusqu'à toi ne remontent jamais,
Quelque maître nouveau sans cesse nous entraîne,
Et d'objets en objets, notre âme se promène,
Tandis que de toi seul nous restons séparés.
Quel crime, quelle erreur nous a donc égarés?
Nos malheurs, ô mon Dieu! seraient-ils sans ressource?
Sondons leur profondeur, remontons à leur source.
Que l'homme maintenant se présente à mes yeux;
Quand je l'aurai connu je te connaîtrai mieux.

CHANT SECOND.

De tes lois dès l'enfance heureusement instruit,
Et par la foi, Seigneur, à la raison conduit,
Permets que dans mes vers sous une feinte image,
J'ose pour un moment imiter le langage
D'un mortel qui vers toi, d'un saint trouble agité,
S'avance, et pas à pas cherche la vérité.
   Quand je reçus la vie au milieu des alarmes,
Et qu'aux cris maternels répondant par mes larmes,
J'entrai dans l'univers escorté des douleurs,
J'y vins pour y marcher de malheurs en malheurs.
Je dois mes premiers jours à la femme étrangère
Qui me vendit son lait et son cœur mercenaire.
Réchauffé dans son sein, dans ses bras caressé,
Et longtemps insensible à son zèle empressé,
De mon retour enfin un souris fut le gage.
De ma faible raison je fis l'apprentissage.
Frappé du son des mots, attentif au objets,
Je répétai les noms, je distinguai les traits.

Je connus, je nommai, je caressai mon père ;
J'écoutai tristement les avis de ma mère.
Un châtiment soudain réveilla ma langueur.
Des maitres ennuyeux je craignis la rigueur ;
Des siècles reculés l'un me contait l'histoire,
L'autre plus importun gravait dans ma mémoire
D'un langage nouveau tous les barbares noms.
Le temps forma mon goût : pour fruit de ces leçons
D'Eschine j'admirai l'éloquente colère ;
Je sentis la douceur des mensonges d'Homère ;
De la triste Didon partageant les malheurs,
Son bûcher fut souvent arrosé de mes pleurs.
Je méprisai l'enfance et ses jeux insipides.
Mais ces amusements étaient-ils plus solides ?
D'arides vérités quelquefois trop épris,
J'espérais de Newton pénétrer les écrits.
Tantôt je poursuivais un stérile problème ;
De Descartes tantôt renversant le système,
D'autres mondes en l'air s'élevaient à mes frais.
Armide était moins prompte à bâtir un palais ;
Et d'un souffle détruits, malgré leur renommée,
Tous les vieux tourbillons s'exhalaient en fumée.
Par mon anatomie un rayon divisé
En sept rayons égaux était subtilisé ;
En voulant remonter à leur couleur première,
J'osais à mon calcul soumettre la lumière.
   Dans ces rêves flatteurs que j'ai perdu de jours !
Cherchant à tout savoir, et m'ignorant toujours,
Je n'avais point encore réfléchi sur moi-même.
Me reprochant enfin ma négligence extrême.
Je voulus me connaître : un espoir orgueilleux
Inspirait à mon cœur un projet périlleux.
Que de fois, ô fatale et triste connaissance,
Tu m'as fait regretter ma première ignorance!
Je me figure, hélas! le terrible réveil
D'un homme qui, sortant des bras d'un long sommeil,
Se trouve transporté dans une île inconnue,
Qui n'offre que déserts et rochers à sa vue;
Tremblant, il se soulève, et d'un œil égaré
Parcourt tous les objets dont il est entouré.
Il retombe aussitôt : il se relève encore,
Mais il n'ose avancer dans ces lieux qu'il ignore.
Telle fut ma terreur, sitôt qu'ouvrant les yeux,
En rompant un sommeil peut être officieux,
Je me regardai seul, sans appui, sans défense,
Égaré dans un coin de cet espace immense ;
Ver impur de la terre, et roi de l'univers;
Riche, et vide de biens ; libre et chargé de fers.
Je ne suis que mensonge, erreur, incertitude :
Et de la vérité je fais ma seule étude.
Tantôt le monde entier m'annonce à haute voix
Le maître que je cherche, et déjà je le vois :

Tantôt le monde entier, dans un profond silence,
A mes regards errants n'est plus qu'un vide immense.
O nature! pourquoi viens-tu troubler ma paix?
Ou parle clairement, ou ne parle jamais.
Cessons d'interroger qui ne veut point répondre.
Si notre ambition ne sert qu'à nous confondre,
Bornons-nous à la terre, elle est faite pour nous.
Mais non, tous ces plaisirs n'entraînent que dégoûts;
Aucun d'eux n'assouvit la soif qui me dévore :
Je désire, j'obtiens, et je désire encore.
Grand Dieu! donne-moi donc des biens dignes de toi,
Ou donne m'en du moins qui soient dignes de moi.
Que d'orgueil! C'est ainsi qu'à moi-même contraire,
Monstre de vanité, prodige de misère,
Je ne suis à la fois que néant et grandeur.
Mécontent des objets que poursuit mon ardeur,
Je n'estime que moi : tout autre que moi-même.
Si je semble l'aimer, c'est pour moi que je l'aime.
Je me hais cependant sitôt que je me vois,
Je ne puis vivre seul : occupé loin de moi,
Je n'aspire qu'à plaire à ceux que je méprise.
Sans doute qu'à ces mots, des bords de la Tamise,
Quelque abstrait raisonneur, qui ne se plaint de rien,
Dans son flegme anglican répondra : *Tout est bien.*
« Le grand ordonnateur dont le dessein si sage
» De tant d'êtres divers ne forme qu'un ouvrage,
» Nous place à notre rang pour orner son tableau. »
Eh! quel triste ornement d'un spectacle si beau!
En me parlant ainsi, tu prouves bien toi-même
La grandeur du désordre et ta misère extrême.
Quand tu soutiens que l'homme est si bien partagé,
Dans tes raisonnements que tout est dérangé!
Quoi! mes pleurs, n'est-ce pas un crime de le croire,
D'un maître bienfaisant relèveraient la gloire?
Pour d'autres biens sans doute il nous a réservés,
Et tous ces grands desseins ne sont point achevés.
Oui, je l'ose espérer, juste arbitre du monde,
De la solide paix source pure et féconde,
Être partout présent, quoique toujours caché,
Des maux de tes sujets quand seras-tu touché?
Tendre père, témoin de nos longues alarmes,
Pourras-tu toujours voir tes enfants dans les larmes?
Non, non. Voilà de toi ce que j'ose penser.
Ta bonté quelque jour saura mieux nous placer.
Mais comment retrouver la gloire qui m'est due?
Qui peut te rendre à moi, félicité perdue?
Est-ce dans mes pareils que je dois te chercher?
Ils m'échappent, la mort me les vient arracher;
Et, frappés avec moi, le tombeau les dévore;
J'irai bientôt les joindre; où vont-ils? je l'ignore.
Est-il vrai? n'est-ce point une agréable erreur.
Qui de la mort en moi vient adoucir l'horreur?

O mort, est-il donc vrai que nos âmes heureuses
N'ont rien à redouter de tes fureurs affreuses,
Et qu'au moment cruel qui nous ravit le jour,
Tes victimes ne font que changer de séjour !
Quoi ! même après l'instant où tes ailes funèbres
M'auront enseveli dans tes noires ténèbres,
Je vivrais ! Doux espoir ! que j'aime à m'y livrer !
    De quelle ambition tu te vas enivrer,
Dit l'impie ! Est-ce à toi, vaine et faible étincelle,
Vapeur vile, d'attendre une gloire immortelle !
Le hasard nous forma, le hasard nous détruit :
Et nous disparaissons comme l'ombre qui fuit.
Malheureux, attendez la fin de vos souffrances ;
Et vous, ambitieux, bornez vos espérances ;
La mort vient tout finir, et tout meurt avec nous.
Pourquoi, lâches humains, pourquoi la craignez-vous ?
Qu'est-ce donc qu'un cercueil offre de si terrible ?
Une froide poussière, une cendre insensible.
Là, nous ne trouvons plus ni plaisir, ni douleur,
Un repos éternel est-il donc un malheur ?
Plongeons-nous sans effroi dans ce muet abîme,
Où la vertu périt aussi bien que le crime :
Et suivant du plaisir l'aimable mouvement,
Laissons-nous au tombeau conduire mollement.
    A ces mots insensés, le maître de Lucrèce,
Usurpant le grand nom d'ami de la sagesse,
Joint la subtilité de ses faux arguments :
Lucrèce de ses vers prête les ornements.
De la noble harmonie indigne et triste usage !
Epicure avec lui m'adresse ce langage.
    Cet esprit, ô mortels ! qui vous rend si jaloux,
N'est qu'un feu qui s'allume et s'éteint avec nous.
Quand par d'affreux sillons l'implacable vieillesse
A sur un front hideux imprimé la tristesse ;
Que dans un corps courbé sous un amas de jours,
Le sang comme à regret semble achever son cours,
Lorsqu'en des yeux couverts d'un lugubre nuage,
Il n'entre des objets qu'une infidèle image,
Qu'en débris chaque jour le corps tombe et périt,
En ruines aussi je vois tomber l'esprit.
L'âme mourante alors, flambeau sans nourriture,
Jette par intervalle une lueur obscure.
Triste destin de l'homme ! il arrive au tombeau
Plus faible, plus enfant qu'il ne l'est au berceau.
La mort d'un coup fatal sappe enfin l'edifice :
Dans un dernier soupir achevant son supplice,
Lorsque vide de sang le cœur reste glacé,
Son âme s'évapore, et tout l'homme est passé.
    Sur la foi de tes chants, ô dangereux poète !
D'un maître trop fameux trop fidèle interprète,
De mon heureux espoir désormais détrompé,
Je dois donc, du plaisir à toute heure occupé,

Consacrer les moments de ma course rapide,
A la divinité que tu choisis pour guide :
Et la mère des jeux, des ris et des amours,
Doit ainsi qu'à tes vers présider à mes jours.
Si l'homme cependant au bout de sa carrière,
N'a plus que le néant pour attente dernière,
Comment puis-je goûter ces plaisirs peu flatteurs,
Du destin qui m'attend faibles consolateurs ?
Tu veux me rassurer, et tu me désespères.
Vivrai je dans la joie au milieu des misères,
Quand même je n'ai pas où reposer un cœur,
Las de tout parcourir en cherchant son bonheur ?
Rois, sujets, tout se plaint, et nos fleurs les plus belles
Renferment dans leur sein des épines cruelles ;
L'amertume secrète empoisonne toujours
L'onde qui nous paraît si claire dans son cours.
C'est le sincère aveu que me fait Epicure ;
L'orateur du palais m'en apprend la nature.
J'abandonne ce maître; ô raison ! viens à moi :
Je veux seul méditer et rester avec toi.
     Je pense. La pensée, éclatante lumière,
Ne peut sortir du sein de l'épaisse matière.
J'entrevois ma grandeur. Ce corps lourd et grossier
N'est donc pas tout mon bien, n'est pas moi tout entier.
Quand je pense, chargé de cet emploi sublime,
Plus noble que mon corps un autre être m'anime,
Je trouve donc qu'en moi, par d'admirables nœuds,
Deux être opposés sont réunis entre eux ;
De la chair et du sang, le corps, vil assemblage ;
L'âme, rayon de Dieu, son souffle, son image.
Ces deux êtres, liés par des nœuds si secrets ,
Séparent rarement leurs plus chers intérêts :
Leurs plaisirs sont communs, aussi bien que les peines.
L'âme guide du corps, doit en tenir les rênes ;
Mais par des maux cruels quand le corps est troublé,
De l'âme quelquefois l'empire est ébranlé.
Dans un vaisseau brisé, sans voile, sans cordage,
Triste jouet des vents, victime de leur rage,
Le pilote effrayé, moins maître que les flots,
Veut faire entendre en vain sa voix aux matelots,
Et lui-même avec eux s'abandonne à l'orage.
Il périt, mais le nôtre est exempt du naufrage.
Comment périra-t-il ? le coup fatal au corps
Divise ses liens, dérange ses ressorts :
Un être simple et pur n'a rien qui se divise,
Et sur l'âme la mort ne trouve point de prise.
Que dis-je ! tous ces corps dans la terre engloutis,
Disparus à nos yeux, sont-ils anéantis ?
D'où nous vient du néant cette crainte bizarre ?
Tout en sort, rien n'y entre ; et la nature avare
Dans tous ces changements ne perd jamais son bien.
Ton art ni tes fourneaux n'anéantiront rien, .

Toi qui, riche en fumée, ô sublime alchimiste,
Dans ton laboratoire invoque Trismégiste :
Tu peux filtrer, dissoudre, évaporer ce sel,
Mais celui qui l'a fait veut qu'il soit immortel.
Prétendras-tu toujours à l'honneur de produire,
Tandis que tu n'as pas le pouvoir de détruire ?
Si du sel ou du sable un grain ne peut périr,
L'être qui pense en moi craindra-t-il de mourir
Qu'est-ce donc que l'instant où l'on cesse de vivre ?
L'instant où de ses fers une âme se délivre.
Le corps, né de la poudre, à la poudre est rendu ;
L'esprit retourne au ciel dont il est descendu.
    Peut-on lui disputer sa naissance divine?
N'est-ce pas cet esprit, plein de son origine,
Qui, malgré son fardeau, s'élève, prend l'essor,
A son premier séjour quelquefois vole encor,
Et revient tout chargé de richesses immenses ?
Platon, combien de fois jusqu'au ciel tu t'élances !
Descartes, qui souvent m'y ravis avec toi ;
Pascal, que sur la terre à peine j'aperçois ;
Vous qui nous remplissez de vos douces manies,
Poètes enchanteurs, admirables génies ;
Virgile, qui d'Homère appris à nous charmer
Boileau, Corneille, et toi que je n'ose nommer.
Vos esprits n'étaient-ils qu'étincelles légères,
Que rapides clartés et vapeurs passagères ?
    Que ne puis-je prétendre à votre illustre sort,
O vous dont les grands noms sont exempts de la mort!
Eh ! pourquoi, dévoré par cette folle envie,
Vais-je étendre mes vœux au-delà de ma vie?
Par de brillants travaux je cherche à dissiper
Cette nuit dont le temps me doit envelopper.
Des siècles à venir je m'occupe sans cesse :
Ce qu'ils diront de moi m'agite et m'intéresse.
Je veux m'éterniser, et, dans ma vanité,
J'apprends que je suis fait pour l'immortalité.
De tout bien qui périt mon âme est mécontente.
Grand Dieu, c'est donc à toi de remplir mon attente!
Si je dois me borner aux plaisirs d'un instant,
Fallait-il pour si peu m'appeler du néant?
    Et si j'attends en vain une gloire immortelle,
Fallait-il me donner un cœur qui n'aimât qu'elle?
Que dis-je? libre en tout, je fais ce que je veux ;
Mais dépend-il de moi de vouloir être heureux ?
Fou le vouloir, je sens que je ne suis plus libre :
C'est alors qu'en mon cœur il n'est plus d'équilibre,
Et qu'aspirant toujours à la félicité,
Dans mon ambition je suis nécessité.
Quoi ! l'homme n'est-il pas l'ouvrage d'un bon maître
Puisqu'il veut être heureux, il est donc fait pour l'être.
Sur la terre, il est vrai, je vois dans le malheur
La vertu gémissante, et le vice en honneur

Mais j'élève mes yeux vers ce maître suprême
Et je le reconnais dans ce désordre même.
S'il le permet, il doit le réparer un jour.
Il veut que l'homme espère un plus heureux séjour
Oui, pour un autre temps, l'Être juste et sévère
Ainsi que sa bonté réserve sa colère.
    Pères des fictions, les poètes menteurs,
De ces dogmes, dit-on, furent les inventeurs.
Et sitôt que la Grèce, ivre de son Homère,
Eut de l'empire sombre admiré la chimère,
Le peuple, qu'effrayaient Tisiphone et ses sœurs,
D'un charmant Elysée espéra les douceurs.
    Pluton fut leur ouvrage, et leurs mains, je l'avoue,
Etendirent jadis Ixion sur sa roue.
L'onde affreuse du Styx qui coulait sous leur lois
Ferma les noirs cachots qu'elle endura neuf fois.
Ils livrèrent Tantale à des ondes perfides,
Qui s'échappent sans cesse à ses lèvres arides.
Par l'urne de Minos et ses arrêts cruels
Ils jetèrent l'effroi dans l'âme des mortels.
Ils leur firent entendre une ombre malheureuse
Qui, poussant vers le ciel une voix douloureuse,
S'écriait : *Par les maux que je souffre en ces lieux,*
Apprenez, ô mortels, à respecter les dieux.
Hardis fabricateurs de mensonges utiles,
Eussent-ils pu trouver des auditeurs dociles,
Sans la secrète voix, plus forte que la leur,
Cette voix qui nous crie au fond de notre cœur
Qu'un juge nous attend, dont la main équitable
Tient de nos actions le compte redoutable ?
Il ne laissera point l'innocent en oubli :
Espérons et souffrons ; tout sera rétabli.
    L'attente d'un vengeur qui console Socrate
Lui fait subir l'arrêt de sa patrie ingrate.
Proscrit par l'injustice, il expire content :
Et je l'admirerais jusqu'au dernier instant,
S'il ne me nommait pas, ô demande frivole !
La victime qu'il veut que pour lui l'on immole.
Que notre esprit est faible et s'égare aisément !
    Mais que dis-je ! le mien s'égare en ce moment.
De l'immortalité les promesses pompeuses,
A moi-même, ô raison, me deviennent douteuses.
Quoi ! cette âme sujette à tant d'obscurité
Peut-elle être un rayon de la Divinité ?
Dieu brillant de lumière, est-ce là ton image ?
O parfait ouvrier, l'homme est-il ton ouvrage ?
Dans un corps, il est vrai, je suis emprisonné :
Mais pour quel crime affreux y suis-je condamné ?
Cruellement puni sans me trouver coupable,
Et toujours à moi-même énigme inconcevable.
Qu'ai-je fais, par pitié, raison, sois mon soutien,
Réponds-moi. Mais, hélas ! tu ne me dis plus rien.

Poésies

6

A mon secours enfin j'appelle tous les hommes.
Je demande où l'on va, d'où l'on vient, qui nous sommes :
Et tous sont occupés, sans songer à mes maux,
De ces amusements qu'ils nomment leurs travaux.
On détruit, on élève, on s'intrigue, on projette :
Sans cesse l'on écrit, et sans cesse on répète.
L'un, jaloux de ses vers, vain fruit d'un doux repos,
Croit que Dieu ne l'a fait que pour ranger des mots ;
L'autre, assis pour entendre et juger nos querelles,
Dicte un amas d'arrêts qui les rend éternelles.
Cent fois j'ai souhaité, j'en fait l'aveu honteux,
Pouvoir de mes malheurs me distraire comme eux :
Et, risquant sans remords mon âme infortunée,
Attendre du hasard ma triste destinée.
Quelques-uns, m'a-t-on dit, cherchant la vérité,
Dans un savant loisir ont longtemps médité :
Et leurs veilles ont fait la gloire de la Grèce ;
Dans l'école d'Athènes habita la sagesse.
Puisse, pour m'exposer ce merveilleux tableau,
Raphaël prendre encor son sublime pinceau !
  Que de héros fameux ! de graves personnages !
Que vois-je ? la discorde au milieu de ces sages ;
Et de maîtres entre eux sans cesse divisés
Naissent des sectateurs l'un à l'autre opposés.
Nos folles vanités font pleurer Héraclite ;
Ces mêmes vanités font rire Démocrite.
Quel remède à nos maux que des ris ou des pleurs !
Qu'ils en cherchent la cause et guérissent nos cœurs.
Habitant des tombeaux, que t'apprend leur silence ?
« Les atomes erraient dans un espace immense ;
» Déclinant de leur route ils se sont approchés ;
» Durs, inégaux, sans peine ils se sont accrochés.
» Le hasard a rendu la nature parfaite.
» L'œil au-dessous du front se creusa sa retraite ;
» Les bras aux haut du corps se trouvèrent liés ;
» La terre heureusement se durcit sous nos pieds,
» L'univers fut le fruit de ce prompt assemblage ;
» L'être libre et pensant en fut aussi l'ouvrage. »
Par honneur, Hippocrate, ou par pitié du moins,
Va guérir ce rêveur si digne de tes soins.
C'est à l'eau dont tout sort que Thalès nous ramène ;
L'air seul a tout produit, nous dit Anaximène ;
Et l'éternel pleureur assure que le feu
De l'univers naissant mit les ressorts en jeu.
Pyrrhon, qui n'a trouvé rien de sûr que son doute,
De peur de s'égarer, ne prend aucune route.
Insensible à la vie, insensible à la mort,
Il ne sait quand il veille, il ne sait quand il dort ;
Et de son indolence, au milieu d'un orage,
Un stupide animal est en effet l'image.
Orné de sa besace, et fier de son manteau,
Cet orgueilleux n'apprend qu'à rouler un tonneau.

Oui, sa lanterne en main, Diogène m'irrite
Il cherche un homme, et lui n'est qu'un fou que j'évite.
     C'est assez contempler ces astres si parfaits,
Anaxogore, enfin, dis-nous qui les a faits ?
Mais quelle douce voix enchante mon oreille ?
Tandis qu'en ces jardins Epicure sommeille,
Que de voluptueux répètent ses leçons,
Mollement étendus sur de tendres gazons !
Malheureux, jouissez promptement de la vie ;
Hâtez-vous, le temps fuit, et la parque ennemie
D'un coup de son ciseau va nous rendre au néant :
Par un plaisir encore volez-lui cet instant.
Votre austère rival, pâle, mélancolique,
Fait de ses grands discours raisonner le Portique :
Je tremble en l'écoutant, sa vertu me fait peur :
Je ne puis comme lui rire dans la douleur ;
J'ose la croire un mal, et je crois sans attendre
Que la goutte en fureur me contraigne à l'apprendre.
L'Académie enfin, par la voix de Platon,
Va dissiper en moi tout l'ennui de Zénon.
Mais de Platon lui-même et qu'attendre et que croire,
Quand de ne rien savoir son maître fait sa gloire ?
Incertain comme lui, n'osant rien hasarder,
Il réfute, il propose, et laisse à décider.
Par quelques vérités à peine il me console :
Il s'arrête, il hésite, il doute et me désole.
Son disciple jaloux, prompt à l'abandonner,
Se retire au Lycée, et m'y veut entraîner ;
Mais à l'homme inquiet le maître d'Alexandre
Du terrible avenir ne daigne rien apprendre.
Que me fait sa morale et tout son vain savoir,
S'il me laisse mourir sans un rayon d'espoir ?
Loin des longs raisonneurs que la Grèce publie
Le mystique vieillard m'appelle en Italie :
La mort, si je l'en crois, ne doit point m'affliger :
On ne périt jamais, on ne fait que changer ;
Et l'homme et l'animal, par un accord étrange,
De leurs âmes entre eux font un bizarre échange.
De prisons en prisons renfermés tour à tour,
Nous mourons seulement pour retourner au jour.
Triste immortalité, frivole récompense
D'une abstinence austère, et de tant de silence !
     Philosophes, que dis-je ! antiques discoureurs,
C'est prêter trop longtemps l'oreille à vos erreurs.
Ainsi donc, étourdi de pompeuses paroles,
Plus troublé que jamais, je sors de vos écoles.
Vous promettez beaucoup ; de vos grands noms frappé,
J'attendais tout de vous, et vous m'avez trompé.
Du seul fils d'Ariston je n'ai point à me plaindre :
Ennemi du mensonge, il m'apprend à le craindre ;
Il tremble à chaque pas, et vers la vérité
Je sens qu'il me conduit par sa timidité.

D'un heureux avenir je lui dois l'espérance ;
D'un Dieu qui me chérit j'entrevois la puissance.
Mais s'il m'aime, ce Dieu, dans un désordre affreux
Doit il laisser languir un sujet malheureux ?
Pourquoi de tant d'honneur et de tant de misère
Réunit-il en moi l'assemblage adultère ?
Prodigue de ses biens, un père plein d'amour
S'empresse d'enrichir ceux qu'il a mis au jour.
L'être toujours heureux rend heureux ses ouvrages :
Il s'aime, son amour s'étend sur ses images.
Il nous punit : de quoi ? nous l'a-t il révélé ?
La terre est un exil, pourquoi suis-je exilé ?
Qui suis-je. Mais, hélas ! plus je veux me connaître,
Plus la peine et le trouble en moi semblent renaître.
Qui suis-je ? Qui pourra me le développer ?
Voilà, Platon, voilà le nœud qu'il faut couper,
Platon ne parle plus, ou je l'entends lui-même
Avouer le besoin d'un oracle suprême.
Platon ne parle plus, quel sera mon secours ?
Il faut donc me résoudre à m'ignorer toujours.
Dans ce nuage épais quel flambeau peut me luire ?
Dans ce dedale obscur quel fil peut me conduire ?
Qui me débrouillera ce cahos plein d'horreur ?
Mon cœur désespéré se livre à sa fureur.
Vivre sans se connaître est un trop dur supplice.
Que, par pitié pour moi, la mort m'anéantisse !
O ciel ! c'est la rigueur que j'implore à genoux :
Daigne écraser enfin l'objet de ton courroux !
Montagnes, couvrez-moi ! terre, ouvre les abîmes,
Si je suis si coupable, engloutis tous mes crimes :
Et périsse à jamais le jour infortuné
Où l'on dit à mon père : *Un enfant vous est né !*
  Dans mon état cruel quand je me désespère,
Je sens avec Platon qu'il faut qu'un Dieu m'éclaire,
J'apprends qu'un peuple entier garde encore aujourd'hui
Un livre qu'autrefois le ciel dicta pour lui.
Ah ! s'il est vrai, j'y cours. Quelle route ai-je à suivre ?
Où faut-il s'adresser ! à quel peuple ? à quel livre ?
Si Dieu nous a parlé, qu'a-t-il dit ? je le crois.
  Pour chercher de ce Dieu la véritable loi,
Parmi tant de mortels je trouve à peine un guide.
Ensevelis, hélas ! dans un repos stupide,
Ou plongés presque tous dans de frivoles soins,
Leur plus grand intérêt les occupe le moins.
Montaigne m'entretient de sa douce indolence :
Sait-il de quel côté doit pencher la balance ?
Ce n'est pas vers le but que Babyle veut marcher
C'est l'obstacle qu'il aime, il ne veut que chercher.
Pour toi, coupable auteur d'un ténébreux système,
Qui de tout réuni forme l'Etre suprême,
Et qui, m'éblouissant par de pompeux discours,
Anéantis ce Dieu dont tu parles toujours ;

Caché dans ton nuage, impénétrable asile,
A l'abri de mes coups, tu peux rester tranquille.
Qu'à sonder l'épaisseur de ton obscurité
Tes hardis sectateurs mettent leur vanité,
Et jaloux d'un honneur où je n'ose prétendre,
Se disputent entre eux la gloire de t'entendre.
Le déiste du moins me parle sans détours :
Content de sa raison qu'il me vente toujours,
Elle seule l'éclaire ; il marche à sa lumière.
    Ouvre les yeux, ingrat ; connais-la tout entière.
Cette même raison m'éclaire comme toi :
Tu la verras bientôt me conduire à la foi.
Au jour dont j'ai besoin elle-même m'appelle
Et m'apprend à chercher un guide meilleur qu'elle.
D'une religion je lui dois le désir.
C'est avec elle encor que je vais la choisir.

CHANT TROISIEME

Cette ville autrefois maîtresse de la terre,
Rome, qui par le fer et le droit de la guerre
Domina si longtemps sur toute nation,
Rome domine encor par la religion,
Avec plus de douceur et non moins d'étendue.
Son empire établi frappe d'abord ma vue.
Ces peuples que l'erreur rendit ses ennemis,
Contre elle révoltés, à son Dieu sont soumis.
Tout le Nord est chrétien; tout l'Orient encore
Est semé de mortels que ce grand titre honore.
Je vois, le fer en main, le superbe Ottoman
Opposer à ce nom celui de musulman.
Il me semble d'abord que, l'un et l'autre en guerre,
Mahomet et le Christ se disputent la terre.
Mais de la Mecque en vain le fameux fugitif
Sous ses bizarres lois tient l'Orient captif;
En vain près du tombeau dont Médine est si fière,
Turc, Arabe, Persan, tout baise la poussière;

Le livre dont l'aspect fait trembler le turban,
Et qui rend le mouphti respectable au sultan,
Que dicta, nous dit-on, la colombe au prophète,
M'apprend qu'il n'est du ciel qu'un second interprète;
Que le Christ, avant lui, premier ambassadeur,
Vint de l'homme tombé relever la grandeur.
Oui, le rival du Dieu que les chrétiens m'annoncent
Rend hommage lui-même à ce nom qu'ils prononcent.
O chrétien ! je t'admire et je reviens à toi :
L'un et l'autre hémisphère est remplie de ta loi.
Des oracles du ciel es-tu dépositaire ?
De la religion quel est le caractere ?
    Si tu veux, répond-il, chercher sa vérité,
Remonte seulement à son antiquité.
L'histoire l'apprendrait sa naissance et son âge,
Si de l'homme, en effet, sa gloire était l'ouvrage.
Mais avec l'univers son âge prend son cours ;
Elle naquit le jour que naquirent les jours.
A peine du néant l'homme venait d'éclore,
Déjà coulait pour lui le pur sang que j'adore.
Et mes premiers écrits, annales des humains,
Des mains du premier peuple ont passé dans mes mains.
Quand le ciel eut permis qu'à la race mortelle
Un livre conservât sa parole éternelle,
Aux neveux d'Israël (Dieu les aimait alors)
Moise confia le plus grand des trésors.
Son histoire est la leur. Elle ne leur présente
Que traits dont la mémoire était alors récente ;
Et leur historien ne leur déguise pas
Qu'ils sont murmurateurs, séditieux, ingrats.
Son livre cependant fut le précieux gage
Qu'un père à ses enfants laissait pour héritage.
Dans ce livre, par eux de tout temps révéré,
Le nombre des mots même est un nombre sacré.
Ils ont peur qu'une main téméraire et profane
N'ose altérer un jour la loi qui les condamne ;
La loi qui de leur long et cruel châtiment
Montre à leurs ennemis le juste fondement,
Et nous apprend à nous par quels profonds mystères
Ces insensés (hélas ! ils ont été nos peres).
Ces gentils, qui n'étaient que les enfants d'Adam,
Ont été préférés aux enfants d'Abraham.
Du Dieu qui les poursuit annonçant la justice,
Ils vont porter partout l'arrêt de leur supplice.
Sans villes et sans lois, sans temples, sans autels.
Vaincus, proscrits, errants, l'opprobre des mortels.
Pourquoi de tant de maux leur demander la cause ?
Va prendre dans leurs mains le livre qui l'expose ;
Là tu suivras ce peuple, et lira tour à tour
Ce qu'il fut, ce qu'il est, ce qu'il doit être un jour.
    Je m'arrête, et surpris d'un si nouveau spectacle,
Je contemple ce peuple, ou plutôt ce miracle.

Nés d'un sang qui ja nais dans un sang etranger,
Après un cours si long, n'a pu se mélanger ;
Nés du sang de Jacob, le père de leurs pères ;
Dispersés, mais unis, ces hommes sont tous frères.
Même religion, même législateur ;
Ils respectent toujours le nom du même auteur.
Et tant de malheureux répandus dans le monde
Ne font qu'une famille éparse et vagabonde.
Mèdes, Assyriens, vous êtes disparus ;
Parthes. Carthaginois, Romains, vous n'êtes plus !
Et toi, fier Sarrasin, qu'as-tu fais de ta gloire ?
Il ne reste de toi que ton nom dans l'histoire.
Ces destructeurs d'Etats sont détruits par le temps,
Et la terre cent fois a changé d'habitants ;
Tandis qu'un peuple seul que tout peuple déteste,
S'obstine à nous montrer son déplorable reste.
    Que nous font disent-ils, vos opprobres cruels,
Si le Dieu d'Abraham veut nous rendre immortels ?
Non, non ; le Dieu vivant, stable dans sa parole,
A juré ; son serment ne sera point frivole.
Il n'a point déchiré le contrat solennel
Qu'il remit dans les mains de l'antique Israël.
Sur ses heureux enfants *une étoile doit luire*,
Et du sang de Jacob un chef doit nous conduire.
En vain par son oubli Dieu semble nous punir ;
Nous espérons toujours celui qui doit venir.
Fidèles au milieu de nos longues misères,
Nous attendons le roi qu'ont attendu nos pères.
Le grand jour, il est vrai, qui leur fut annoncé,
Devait briller sur nous, et son terme est passé.
Gardons-nous toutefois, trop harpis interprètes,
De supputer les temps marqués par les prophètes.
Maudit soit le mortel par qui sont calculés
Des jours cent fois prédits, dès long-temps écoulés ;
Non que de ses serments l'Eternel se repente ;
Mais puisqu'il a voulu prolonger notre attente,
L'esclave avec son maître a-t-il droit de compter ?
Ce calcul insolent, vous osez le tenter,
Sacriléges chrétiens, jaloux de nos richesses,
Qui croyez posséder l'objet de nos promesses.
Hélas ! de quelle ardeur, si ce maître eût paru,
Sous ses nobles drapeaux tout son peuple eût couru !
Qu'il vous ferait gémir sous le poids de ses armes,
Et payer chèrement l'intérêt de nos larmes !
    Ainsi parlent les Juifs. Terrible aveuglement,
D'un crime inconcevable étrange châtiment !
Leur roi promis du ciel, s'il n'en veut point descendre;
Si son terme est passé, pourquoi toujours l'attendre ?
Ils attendront toujours : cet oracle est rendu.
Le voile tant prédit est sur eux étendu.
Des antiques auteurs de ce fameux volume,
Dieu, qui seul sait les temps a donc conduit la plume.

Sans doute il est sacré, ce livre dont je vois
Tant de prédictions s'accomplir devant moi.
Respectant désormais sa vérité divine,
De la religion j'y cherche l'origine.
Je l'ouvre, et vois d'abord un ouvrier parfait
Dont *au commencement* la parole a tout fait.
Le premier des humains, qui lui doit sa naissance,
Par son souffle inspiré, fait à sa ressemblance,
Et que doivent servir tous les êtres divers,
Comme dans son domaine entre dans l'univers.
Il ne put sans orgueil soutenir tant de gloire ;
A l'ange séducteur il céda la victoire.
Et perdit tous ses droits à la félicité.
Droits qu'il aurait transmis à sa postérité,
Mais que révoqua tous la suprême justice.
L'immuable décret d'un éternel supplice
Réglait déjà le sort de l'ange ténébreux.
Coupable comme lui, toutefois plus heureux,
Quand tout pour nous punir s'armait dans la nature,
L'homme entendit parler d'une grâce future,
Et, dans le même arrêt dont il fut accablé,
Par un mot d'espérance il se vit consolé.
A cet instant commence et se suit d'âge en âge
De l'homme réparé l'auguste et grand ouvrage ;
Et son réparateur, alors comme aujourd'hui
Ou promis, ou donné, réunit tout en lui,
On peut donc l'expliquer par ce livre admirable,
Aux Platons, comme à moi, l'énigme inconcevable.
Le nuage s'écarte, et mes yeux sont ouverts.
Je vois le coup fatal qui change l'univers ;
J'y vois entrer le crime et son désordre extrême.
Enfin je ne suis plus un mystère à moi-même.
Le nœud se développe, un rayon qui me luit
De ce sombre chaos a dissipé la nuit.
Mais l'enfant innocent peut-il pour héritage...
Ce doute seul, hélas ! ramène le nuage.
Et ce n'est plus encor qu'un chaos que je vois.
Dieu, l'homme et l'univers, tout y rentre pour moi.
Quand je crois, la lumière aussitôt m'est rendue :
Dieu, l'homme et l'univers, tout revient à ma vue.
L'ouvrage fut parfait, il est défiguré.
Apprenons à quel point l'homme s'est égaré.
Le père criminel d'une race proscrite
Peupla d'infortunés une terre maudite.
Pour prolonger des jours destinés aux douleurs,
Naissent les premiers arts, enfants de nos malheurs.
La branche en longs éclats cède au bras qui l'arrache ;
Par le fer façonnée, elle allonge la hache ;
L'homme avec son secours non sans un long effort,
Ebranle et fait tomber l'arbre dont elle sort ;
Et, tandis qu'au fuseau la laine obéissante
Suit une main légère, une main plus pesante

Frappe à coups redoublés l'enclume qui gémit.
La lime mord l'acier, et l'oreille en frémit.
Le voyageur qu'arrête un obstacle liquide,
A l'écorce d'un bois confie un pied timide.
Retenu par la peur, par l'intérêt pressé,
Il avance en tremblant ; le fleuve est traversé.
Bientôt ils oseront, les yeux vers les étoiles,
S'abandonner aux mers sur la foi de leurs voiles.
Avant que dans les pleurs ils pétrissent leur pain,
Avec de longs soupirs ils ont brisé le grain.
Un ruisseau par son cours, le vent par son haleine,
Peut à leurs faibles bras épargner tant de peine :
Mais ces heureux secours, si présents à leurs yeux,
Quand ils les connaîtront, le monde sera vieux.
Homme né pour souffrir, prodige d'ignorance.
Où vas-tu donc chercher ta stupide arrogance ?
    Tandis que le besoin, l'industrie et le temps
Polissent par degrés tous les arts différents ;
Enfantés par l'orgueil, tous les crimes en foule
Inondent l'univers ; le fer luit, le sang coule.
Le premier que les champs burent avec horreur
Fut le sang qui d'un frère assouvit la fureur.
Ces malheureux, tombant d'abîmes en abîmes,
Fatiguèrent le ciel par tant de nouveaux crimes,
Qu'enfin lent à punir, mais las d'être outragé,
Par un coup éclatant leur maître fut vengé.
De la terre aussitôt les eaux couvrent la face,
Ils sont ensevelis ; c'était fait de leur race ;
Mais un juste épargné va rendre en peu de temps
A ce monde désert de nouveaux habitants.
La terre toutefois, jusque-là vigoureuse,
Perdit de tous ses fruits la douceur savoureuse.
Des animaux alors on chercha le secours :
Leur chair soutint nos corps réduits à peu de jours.
    Les poètes, dont l'art, par une audace étrange,
Sait du faux et du vrai faire un confus mélange,
De leurs récits menteurs prirent pour fondement
Les fidèles récits de tant d'événements ;
Et, pour mieux amuser les oisives oreilles,
Cherchèrent dans ces faits leurs premières merveilles.
De là ces temps fameux qu'ils regrettent encor,
Doux empire de Rhée, âge pur, siècle d'or,
Où, sans qu'il fût besoin de lois ni de supplices,
L'amour de la vertu fit régner la justice ;
Siècle d'or, sous ce nom puisqu'ils ont célébré
Ce siècle plus heureux où l'or fut ignoré !
Sobre dans ses désirs, l'homme, pour nourriture,
Se contentait des fruits offerts par la nature.
La mort tardive alors n'approchait qu'à pas lents.
Mais, las de dépouiller les chênes de leurs glands,
Il essaya le fer sur l'animal timide ;
La flèche dans les airs chercha l'oiseau rapide ;

L'innocente brebis tomba sous sa fureur,
Et le sang au carnage accoutumant son cœur,
Le fer devint bientôt l'instrument de sa perte,
Et de crimes enfin la terre était couverte,
Lorsqu'un déluge affreux en fut le châtiment.
Tout nous rappelle encore ce grand événement.
Fable, histoire, physique, ont un même langage.
Au livre des Hébreux ainsi tout rend hommage;
Et même l'on dirait que, pour s'accréditer,
La fable en sa naissance ait voulu l'imiter.
Laissons-la toutefois s'égarer dans sa course,
Et de la vérité suivons toujours la source.

La terre sort des eaux, et voit de toutes parts
Reparaître les fruits, les hommes et les arts.
Tout renaît; nos malheurs et nos crimes ensemble.
Sous des toits chancelantes d'abord on se rassemble.
La crainte fait chercher des asiles plus sûrs ;
On creuse des fossés, on élève des murs.
Qu'une tour des mortels soit l'immortel ouvrage.
Dieu descend pour la voir, et confond leur langage.
Ne pouvant plus s'entendre, il faut se séparer.
Ils se rechercheront, mais pour se massacrer.
D'un importun voisin on jure la ruine ;
On attaque, on renverse, on pille, on assassine.
Homme injuste et cruel, que dans son repentir
Le Dieu qui t'avait fait voulut anéantir,
Malheureux dont il vient d'abréger la carrière,
Pourquoi brille ce fer dans ta main meurtrière ?
Le ciel t'a-t-il encore accordé trop de jours ?
Mais qui va de leur rage entretenir le cours ?
Quel intérêt les forme au grand art de la guerre ?
Egaux et souverains, tous maîtres de la terre,
Ils la possèdent toute en y possédant rien.
Il est à moi ce champ, ce canton, c'est le mien.
Ce ruisseau... de mon bras il faut que tu l'obtiennes :
S'il coulait sous tes lois, qu'il coule sous les miennes.
On s'empare d'un arbre, on usurpe un buisson,
De roi, de conquérant le vainqueur prend le nom.
Dans son vaste domaine il met cette rivière ,
Bientôt cette montagne en sera la frontière.
Alexandre s'avance, et n'est plus un brigand ;
C'est l'heureux fondateur d'un empire puissant,
Que d'un nouvel empire alarme la naissance.
Provinces, nations, royaumes, tout commence.
La terre sur son sein ne voit que potentats
Qui partagent sa boue en superbes Etats :
Et sur elle on prépare aux majestés suprêmes
Pourpre, trônes, palais, sceptres et diadêmes.

Mais lorsque par le fer leur droit est établi,
Le droit du ciel sur eux tombe presque en oubli ;
Et, recherchant ce Dieu dont la mémoire expire,
L'homme croit le trouver dans tout ce qu'il admire,

De l'astre qui pour lui rendait tous les matins,
Ainsi que la lumière il attend ses destins.
Aux feux inanimés qui roulent sur leurs têtes,
Les peuples, en tremblant, demandent des conquêtes.
Des dons de leurs pareils bientôt reconnaissants,
Ils adorent des arts les auteurs bienfaisants.
Devant son Osiris l'Egypte est en prière ;
Vainement un tombeau renferme sa poussière,
Grossièrement taillée, une pierre en tient lieu ;
D'un tronc qui pourrissait le ciseau fait un Dieu.
Du hurlant Anubis la ridicule image
Fait tomber à genoux tout ce peuple si sage.
Je ne vois chez Ammon qu'horreur, que cruauté :
Le sacrificateur, bourreau par piété,
Du barbare Moloch assouvit la colère
Avec le sang du fils et les larmes du père.
Près de ce Dieu cruel, un Dieu voluptueux,
Honoré par un culte impur, incestueux,
Chamos, qui de Moab engloutit les victimes,
De ses adorateurs n'exige que des crimes.
Que de gémissements et de lugubres cris !
O filles de Sidon ! vous pleurez Adonis :
Une dent sacrilege en a flétri les charmes,
Et sa mort tous les ans renouvelle vos larmes.
Et toi, savante Grèce, à ces folles douleurs
Nous te verrons bientôt mêler aussi tes pleurs.
La foule de ces dieux qu'en Egypte on adore
Ne pouvant te suffire, à de nouveaux encore
De l'immortalité tu feras le présent ;
Ton Atlas gémira sous un ciel trop pesant.
Nymphes, faunes, sylvains, divinités fécondes,
Peupleront les forêts, les montagnes, les ondes.
Chaque arbre aura la sienne ; et les Romains un jour,
De ces maîtres vaincus esclaves à leur tour,
Prodigueront sans fin la majesté suprême,
Empereurs, favoris, Antinoüs lui-même,
Par arrêt du sénat entreront dans les cieux ;
Et les hommes seront plus rares que les dieux.
    Terre, quel est ta gloire, et quel temps de lumière,
Quand la Divinité se rend si familière !
Courons, l'argent en main, entourer ses autels,
Elle est prête à répondre au moindre des mortels,
Dans Delphes, dans Délos elle fait sa demeure ;
Aux sables de l'Afrique elle parle à toute heure :
A Dodone sans peine on peut l'entretenir,
Et d'un chêne prophète apprendre l'avenir.
Pourquoi le demander, s'il est inexplicable ?
Que sert de le savoir, s'il est inévitable ?
Des maux que nous craignons pourquoi nous assurer ?
L'incertitude au moins nous permet d'espérer,
N'importe : les destins que le ciel nous prépare,
A notre impatience il faut qu'il les déclare ;

Et s'ils ne sont écrits dans le cœur d'un taureau,
Nous irons le chercher dans le vol d'un oiseau.
O gravités de Rome ! ô sagesse d'Athènes !
Quel culte extravagant ! que de fêtes obscènes !
Quels sont tous ces secrets dont on ne peut parler ?
O mystères suspects qu'on n'ose révéler !
  Tandis que sagement on cache leur folie,
Chez d'ignorants Hébreux, femme, enfant, tout publie :
C'est de toute notre âme et de tout notre cœur
Que nous devons aimer notre Dieu, le Seigneur,
L'Etre unique, qui fit le ciel, la terre et l'homme.
JE SUIS CELUI QUI SUIS, *c'est ainsi qu'il se nomme.*
Et sur l'homme, et sur Dieu, sublimes vérités !
Dans un pays obscur d'où viennent ces clartés ?
Ce seul coin de la terre est sauvé du naufrage
Le Dieu qui le protége en écarte l'orage.
L'ordre des éléments se renverse à sa voix,
La nature est contrainte à s'écarter des lois
Qu'au premier jour du monde il lui dicta lui-même,
Mais que change à son gré sa volonté suprême.
Ce peuple si sincère, attestant aujourd'hui
Les prodiges nombreux que le ciel   pour lui,
Dans ses solennités en garde la mémoire.
Je pourrais dans mes vers en retracer l'histoire.
L'on y verrait encor la mer ouvrir ses eaux,
Les rochers s'amollir et se fondre ɛ ruisseaux,
Les fleuves effrayés remonter à leur source,
L'astre pompeux du jour s'arrêter dans sa course.
Mais, frappé tout-à-coup par l'éclat glorieux
Que les prophètes saints font briller à mes yeux,
Chez un peuple qui marche au milieu des miracles,
Je ne veux m'arrêter qu'au plus grands des spectacles.
  Dans un temps qu'à des jours et tranquilles et longs,
A des fertiles champs, à des troupeaux féconds,
Il semble que le ciel ait borné ses promesses,
On voit, ambitieux de plus nobles richesses,
Des hommes pleins du Dieu dont ils sont inspirés,
Errants, de peaux couverts, des villes retirés ;
Ils n'y vont quelquefois, ministres inflexibles,
Que pour y prononcer des menaces terribles.
Aux rois épouvantés ils n'adressent leur voix
Que comme ambassadeur du souverain des rois.
Chassés, tristes objets d'opprobres et de haines,
Déchirés par le fer, maudits, chargés de chaînes,
Dans les antres cachés, contents dans leur malheur
De se rassasier du pain de la douleur,
Admirables mortels dont la terre est indigne,
Ils répètent que *Dieu rejettera sa vigne ;*
Que sur une autre terre, et sous un ciel nouveau,
Le loup doit dans les champs bondir avec l'agneau.
Ils répètent que *Dieu, las du sang des génisses,*
Abolissant enfin d'impuissants sacrifices,

Verra la pure hostie immolée en tous lieux.
La terre produira son germe précieux ;
Du juste de Sion, que les îles attendent,
Déjà de tous côtés les rayons se répandent.
De son immense gloire ils sont environnés,
Quand, par un autre objet tout-à-coup détournés,
Ce juste à leurs regards n'est plus reconnaissable.
Sans beauté, sans éclat, ignoré, méprisable,
Frappé du ciel, chargé du poids de nos malheurs,
Le dernier des humains, et l'homme de douleurs
Avec des scélérats, ainsi que leurs complices,
Comme un agneau paisible on le mène au supplice.
Quel autre que le Dieu qui dévoile les temps
Présentait à leurs yeux ces tableaux différents ;
Il nous font espérer un maître redoutable,
Le prince de la paix, le Dieu fort, l'admirable,
Son trône est entouré de rois humiliés ;
Ses ennemis vaincus frémissent à ses pieds ;
Son règne s'étendra sur les races futures.
Sa gloire disparaît, et, couvert de blessures,
C'est le pasteur mourant d'un troupeau dispersé.
En contemplant celui que ses mains ont percé,
Saisi d'étonnement, un peuple est en alarmes ;
La mort d'un fils unique arrache moins de larmes.
David, qui voit de loin ce brillant rejeton,
Plus sage, plus heureux, plus grand que Salomon,
Du sein de l'Eternel sortir avant l'aurore,
Dans l'horreur des tourments David le voit encore.
Du roi de Babylone admirable captif,
A deux objets divers Dieu le rend attentif.
Elevé sur son trône, à son fils qui s'avance
Il donne à haute voix l'empire et la puissance.
Mais tout change à tes yeux : ce fils est immolé :
Le Christ est mis à mort, le lieu saint désolé ;
Le grand-prêtre éperdu dans la fange se roule ;
Tout périt, l'autel tombe, et le temple s'écroule.
C'est ce même captif qui voit tous à leurs rangs,
Pareils à des éclairs, passer les conquérants.
Il voit naître et mourir leurs superbes empires.
Babylone, c'est toi qui sous le Perse expires.
Alexandre punit tes vainqueurs florissants.
Rome punit la Grèce et venge les Persans.
Elle renversera toute grandeur suprême,
Et le marteau fatal sera brisé lui-même.
O Rome, tes débris seront les fondements
D'un empire vainqueur des hommes et des temps.
    Mais ce n'est point assez qu'annonçant ces miracles
Des prophètes nombreux répètent leurs oracles.
Tout rempli du dessein qu'il doit exécuter,
Dieu par des coups d'essai semble le méditer :
A nos yeux à toute heure il en montre une image,
Et dans ses premiers traits crayonne son ouvrage.

Que les plus tendres mains conduisent au bûcher
Ce fils obéissant qui s'y laisse attacher :
Paisible sacrifice, où le prêtre tranquille
Va frapper sans pâlir sa victime immobile ;
Que l'enfant le plus cher, en esclave vendu,
Et du sein de l'opprobre à la gloire rendu,
Aimé, craint, adoré des villes étrangères,
Soit enfin reconnu par ses perfides frères ;
Pour le sang d'un agneau, que, rempli de respect,
L'ange exterminateur s'écarte à son aspect ;
Que de tant de maisons au glaive condamnées
Celles que teint ce sang soient seules épargnées ;
Qu'en attachant ses yeux sur un signe élevé,
Par un heureux regard le mourant soit sauvé ;
Que le jour de tristesse où le grand-prêtre expire
A tant de malheureux que son trépas retire
Des asiles prescrits à leur captivité,
Devienne un jour de grâce et de félicité ;
Que par les criminels proscrits pendant l'orage
Le juste en périssant les sauve du naufrage ;
Qu'il revive, et ne soit victime que trois jours
Du monstre qui parut l'engloutir pour toujours :
Tout m'annonce de loin ce que le ciel projette,
Et, sans cesse conduit par un peuple prophète,
J'arrive pas à pas au terme désiré,
Où le Dieu tant de fois prédit et figuré
Doit de son règne saint établir la puissance,
Ce règne dont mes vers vont chanter la naissance.

CHANT QUATRIEME

Les empires détruits, les trônes renversés,
Les champs couverts de morts, les peuples dispersés,
En tous ces grands revers que notre erreur commune
Croit nommer justement les jeux de la fortune,
Sont les jeux de celui qui, maître de nos cœurs,
A ses desseins secrets fait servir nos fureurs,
Et, de nos passions reglant la folle ivresse,
De ses projets par elle accomplit la sagesse.
Les conquérants n'ont fait, par leur ambition,
Que hâter les progrès de la religion :
Nos haines, nos combats ont affermi sa gloire :
C'est le prouver assez que conter son histoire.
  Je sais bien que, féconde en agréments divers,
La riche fiction est le charme des vers.
Nous vivons du mensonge, et le fruit de nos veilles
N'est que l'art d'amuser par de fausses merveilles ;
Mais à des faits divins mon écrit consacré
Par ces vains ornements serait déshonoré,

Je laisse à Sannazar son audace profane.
Loin de moi ces attraits que mon sujet condamne :
L'âme de mon récit est la simplicité,
Ici tout est merveille, et tout est vérité.
   Le Dieu qui dans ses mains tient la paix et la guerre,
Tranquille au haut des cieux, change à son gré la terre,
Avant que le lien de la religion
Soit le lien commun de toute nation,
Il veut que l'univers ne soit qu'un seul empire :
L'ambition de Rome à ce dessein conspire :
Mais un état si vaste, en proie aux factions,
Est le règne du trouble et des divisions.
Il veut que sur la terre, aux mêmes lois soumis
Un paisible commerce en tous lieux favorise
De ses ordres nouveaux les ministres divins.
Ils pourront les porter par de libres chemins,
Si l'univers n'a plus pour maître qu'un seul homme,
C'est ce Dieu qui la veut ; la liberté de Rome,
Ranimant ses soldats par César abattus,
Du dernier coup frappé, expire avec Brutus
Dans ses nombreux vassaux une reine ose encore
Rassembler follement les peuples de l'aurore,
Elle fuit, l'insensée : avec elle tout fuit,
Et son indigne amant honteusement la suit.
Jusqu'à Rome bientôt par Auguste traînées,
Toutes les nations à son char enchaînées.
L'Arabe, le Gélon, le brûlant Africain,
Et l'habitant glacé du nord le plus lointain,
Vont orner du vainqueur la marche triomphante.
Le Parthe s'en alarme, et d'une main tremblante
Rapporte les drapeaux à Crassus arrachés.
Dans leurs Alpes en vain les Rhètes sont cachés :
La foudre les atteint, tout subit l'esclavage.
L'Araxe, mugissant sous un pont qui l'outrage,
De son antique orgueil reçoit le châtiment,
Et l'Euphrate soumis coule plus mollement.
   Paisible souverain des mers et de la terre,
Auguste ferme enfin le temple de la guerre.
Il est fermé ce temple, ou par cent nœuds d'airain,
La discorde attachée, et déplorant en vain
Tant de complots détruits, tant de fureurs trompées,
Frémit sur un amas de lances et d'épées.
Aux champs déshonorés par de si longs combats,
La main du laboureur rend leurs premiers appas.
Le marchand, loin du port, autrefois son asile,
Fait voler ses vaisseaux sur une mer tranquille.
   Les poètes, surpris d'un spectacle si beau,
Sont saisis à l'instant d'un transport tout nouveau :
Ils annoncent que Rome, après tant de miracles,
Va voir le temps heureux prédit par ses oracles.
Un siècle, disent-ils, *recommence son cours,*
Qui doit de l'âge d'or nous ramener les jours.

Déjà descend du ciel une race nouvelle ;
La terre va reprendre une face plus belle,
Tout y deviendra pur, et ses premiers forfaits,
S'il en reste, seront effacés pour jamais.
Tant de prédictions qui frappent les oreilles
Font d'un grand changement espérer les merveilles.
Vers l'Orient alors chacun tourne les yeux ;
C'est de là qu'on attend ce roi victorieux,
Qui, sortant des climats où le jour prend naissance
Doit soumettre la terre à son obéissance.
Jérusalem s'éveille à des bruits si flatteurs :
L'héritier de Jacob en cherche les auteurs.
Des prophètes sacrés parcourant les volumes,
Sans peine il reconnaît le siècle dont les plumes
Ont décrit tant de fois les jours délicieux.
« Il est venu ce temps, espoir de nos aïeux,
» Où le fer dont la dent rend les guérets fertiles
» *Sera forgé du fer des lances inutiles.*
» La justice et la paix s'embrassent devant nous,
» Le glaive étincelant d'un royaume jaloux
» N'ose plus aujourd'hui s'irriter contre un autre !
» Le bonheur des humains nous annonce le nôtre.
» Sous un joug étranger nous avons succombé,
» *Et des mains de Judas notre sceptre est tombé.*
» Mais notre opprobre même assure notre gloire :
» Des promesses du ciel rappelons la mémoire. »
   Cependant il paraît à ce peuple étonné
Un homme (si ce nom lui peut être donné)
Qui, sortant tout à coup d'une retraite obscure,
En maître, et comme Dieu, commande à la nature
A sa voix sont ouverts les yeux longtemps fermés,
Du soleil qui les frappe éblouis et charmés.
D'un mot il fait tomber la barrière invincible
Qui rendait une oreille aux sons inaccessible ;
Et la langue qui sort de la captivité
Par de rapides chants bénit sa liberté.
Des malheureux traînaient leurs membres inutile ,
Qu'à son ordre à l'instant ils retrouvent dociles.
Le mourant étendu sur un lit de douleurs
De ses fils désolés court essuyer les pleurs.
La mort même n'est plus certaine de sa proie.
Objet tout à la fois d'épouvante et de joie.
Celui que du tombeau rappelle un cri puissant
Se relève, et sa sœur pâlit en l'embrassant.
Il ne repousse point les fleuves vers leur source
Il ne dérange pas les astres dans leur course.
On lui demande en vain des signes dans les cieux
Vient-il pour contenter les esprits curieux
Ce qu'il fait d'éclatant, c'est sur nous qu'il l'opère
Et pour nous sort de lui sa vertu solitaire.
Il guérit nos langueurs, il nous rappelle u
Sa puissance toujours annonce son amour.

Mais c'est peu d'enchanter les yeux par ces merveilles,
Il parle : ses discours ravissent les oreilles.
Par lui sont annoncés de terribles arrêts ;
Par lui sont révélés de sublimes secrets.
Lui seul n'est point ému des secrets qu'il révèle :
Il parle froidement d'une gloire éternelle ;
Il étonne le monde et n'est point étonné :
Dans cette même gloire il semble qu'il soit né ;
Il paraît ici-bas peu jaloux de la sienne.
Qu'empressé de l'entendre un peuple le prévienne,
Il n'adoucit jamais aux esprits révoltés
Ses dogmes rigoureux, ses dures vérités.
C'est en vain qu'on murmure, il faut croire, il l'ordonne.
D'un œil indifférent il voit qu'on l'abandonne.
Un disciple qui vient se jeter dans ses bras,
Et qui renonce à tout pour marcher sur ses pas,
Lui demande par grâce un délai nécessaire,
Un moment pour aller ensevelir son père.
Dès ce moment suis-moi, lui répond-il alors,
Et laisse aux morts le soin d'ensevelir leurs morts.
Quittons tout pour lui seul, que rien ne nous arrête ;
Cependant il n'a pas où reposer sa tête.
    D'un tel législateur quel sera le destin ?
Jadis de la vertu Platon prévit la fin.
Que son héros, dit-il, attende avec courage
Tout ce que des méchants lui prépare la rage.
S'il se montre à la terre, à la terre arraché.
Proscrit, frappé, sanglant, *à la croix attaché.*
Paix secrète du cœur, gage de l'innocence,
C'est toi seule à sa mort qui seras sa défense.
L'oracle est accompli. Le juste est immolé.
Tout s'émeut, et des bords du Jourdain désolé
Au Tibre en un moment le bruit s'est fait entendre.
D'intrépides humains courent pour le répandre :
Ils volent : l'univers est rempli de leur voix.
» Repentez-vous, pleurez, et montez à sa croix.
» Quel que soit le forfait, la victime l'expie,
» Vous avez fait mourir le maître de la vie.
» Celui que vos bourreaux traînaient en criminel
» Est l'image, l'éclat, le Fils de l'Eternel.
» Ce Dieu dont la parole enfanta la lumière,
» Couché dans un tombeau, dormait dans la poussière.
» Mais la mort est vaincue, et l'enfer dépouillé.
» La nature a frémi, son Dieu s'est réveillé.
» Il vit, nos yeux l'ont vu. Croyez. » Parole étrange !
Ils commandent de croire ; on les croit et tout change.
Simples dans leurs discours, simples dans leurs écrits,
Les accusera-t-on d'éblouir nos esprits ?
Ils content leurs erreurs, leur honte, leur faiblesse.
Par eux de leur naissance apprenant la bassesse,
J'apprende aussi par eux leur infidélité,
Le trouble de leur maître, et sa timidité.

A l'aspect de la mort il s'attriste, il frissonne,
Languissant, prosterné, la force l'abandonne;
Et le calice amer qu'on doit lui présenter,
Loin de lui, s'il pouvait, il voudrait l'écarter.
Est-il donc d'un héros d'écouter la nature?
Socrate en étouffa jusqu'au moindre murmure.
L'imposture, féconde en discours séduisants,
Eût orné son récit de charmes plus puissants.
    Leurs écrits, direz vous, dépouillés d'artifice,
Ne font point dans leur cœur soupçonner de malice.
Trop simples, en effet, et séduits les premiers,
Ils ont cru follement des mensonges grossiers.
Mais s'ils ont pu les croire, ont-ils pu les écrire
Parmi des ennemis prêts à les contredire?
A peine aux yeux mortels leur maître est disparu,
A toute heure, en tout lieu, tout un peuple l'a vu.
Qu'elle a d'autorité l'histoire qu'en silence
Sont contraints d'écouter des témoins qu'elle offense
Combien de ces témoins, déjà tout pleins de foi,
Juifs circoncis du cœur, ont reconnu pour roi
De la Jérusalem éternelle, invisible,
Celui qui dans la leur, traité de roi risible,
D'épines couronné par les mains d'un bourreau,
Dans les siennes pour sceptre a vu mettre un roseau!
Vrais enfants d'Abraham, hâtez donc votre fuite;
Titus accourt, sortez d'une ville proscrite.
    En quel funeste état te découvrent mes yeux,
Ville jadis si belle! O peuple ami des cieux,
Qu'as-tu fait à ton Dieu? sa vengeance est certaine.
Comment à tant d'amour succède tant de haine!
Son bras de jour en jour s'appesantit sur toi,
Et tu ne fus jamais plus zélé pour sa loi.
Combien d'avant-coureurs annoncent la ruine!
Et la guerre étrangère, et la guerre intestine,
Et les embrasements, et la peste, et la faim.
Que de maux rassemblés! L'orage éclate enfin:
Le nuage est crevé, je vois partir la foudre.
Jérusalem n'est plus, et le temple est en poudre.
Les feux malgré Titus prompts à le consumer,
Ces feux vengeurs, le ciel saura les allumer,
Quand des audacieux oseront entreprendre
De relever encor ce temple de sa cendre.
« O peuple que je plains, ton vainqueur est-ce moi?
» C'est ton Dieu, dit Titus, qui se venge de toi.
» Oui, sans doute, le ciel les punit d'une offense;
» Je n'ai fait que prêter mon bras à sa vengeance. »
Ils l'ont bien mérité ce châtiment affreux,
Le sang de leur victime est retombé sur eux.
Le père a pour longtemps proscrit ses fils rebelles;
Le maître a retranché les branches infidèles,
Il n'a point toutefois arraché l'arbre ingrat,
Mais un nouveau prodige en a changé l'éclat

Sur cet arbre étonné que de branches nouvelles,
Sauvages autrefois, aujourd'hui naturelles !
Que vois-je ? l'étranger dépouille l'héritier,
Et le fils adopté succède le premier.
De ces nouveaux enfants que la mère est féconde
Ils ne font que de naître et remplissent le monde.
Les maîtres des pays par le Nil arrosés,
D'une antique sagesse enfin désabusés,
Ont déjà de la croix embrassé la folie.
A l'aspect d'un bois vil le Parthe s'humilie ;
Et réunis entre eux pour la première fois,
Les Scytes vagabonds reconnaissent des lois.
A l'auteur du soleil le Perse offre un hommage
Que l'erreur si longtemps lui fit rendre à l'ouvrage.
Des déserts libyens le farouche habitant,
Le Sarmate indocile et l'Arabe inconstant,
De ses sauvages mœurs adoucit la rudesse.
Corinthe se réveille, et sort de sa mollesse.
Athènes ouvrant les yeux, reconnaît le pouvoir
Du Dieu qu'elle adora longtemps sans le savoir.
Mieux instruite aujourd'hui, cet autel qu'elle honore
N'est plus enfin l'autel d'un maître qu'elle ignore.
Il est trouvé ce Dieu tant cherché par Platon,
L'aréopage entier retentit de son nom.
Les Gaulois détestant les honneurs homicides
Qu'offre à leurs dieux cruels le fer de leurs druides,
Apprennent que pour nous le ciel moins rigoureux
Ne demanda jamais le sang d'un malheureux,
Et qu'un cœur qu'a brisé le repentir du crime
Est aux yeux d'un Dieu saint la plus sainte victime.
Tes illustres martyrs sont tes premiers trésors,
Opulente cité, la gloire de ces bords,
Où la Saône enchantée à pas lents se promène,
N'arrivant qu'à regret au Rhône qui l'entraîne.
Toi que la Seine embrasse, et qui dois à ton tour
L'enfermer dans le sein de ton vaste contour,
Ville heureuse, sur toi brille la foi naissante.
Qu'un jour tes sages rois la rendront florissante !
Sur vos têtes aussi luit cet astre divin,
Vous que baignent les flots du Danube et du Rhin,
vous qui buvez les eaux du Tage et de l'Ibère ;
Vous que dans vos forêts le jour à peine éclaire;
Et vous que, séparant du reste des humains,
Les mers avaient sauvés des fureurs des Romains,
Lieux où ne put voler leur aigle ambitieuse,
Je vois dans vos climats la foi victorieuse.
Au grand nom qui du monde a couru les deux bouts,
De l'Inde à la Tamise on fléchit les genoux.
La croix a tout conquis et l'Eglise s'écrie :
Comment à tant d'enfants ai-je donné la vie ?
Sur les rives du Tibre éclate sa splendeur ;
Là de son règne saint s'élève la grandeur ;

Et dans Rome est fondé son trône inébranlable,
A tout ambitieux trône peu désirable.
Sur ces degrés sanglants je ne vois que des morts ;
C'était pour en tomber qu'on y montait alors.
Dans ces temps où la foi conduisait aux supplices,
D'un troupeau condamné glorieuses prémices,
Les pasteurs espéraient des supplices plus grands.
Tel fut chez les chrétiens l'honneur des premiers rangs.
   Quel spectacle, en effet, à mes yeux se présente !
Quels tourments inconnus que la fureur invente !
De bitume couverts, ils servent de flambeaux ;
Déchirés lentement, ils tombent en lambeaux ;
Dans ces barbares jeux théâtre du carnage,
Des tigres, des lions on irrite la rage.
Que de feux ! que de croix ! que d'échafauds dressés !
Combien de bourreaux las, de glaives émoussés !
Injuste contre eux seuls, le plus juste des princes
Par ce sang odieux contente ses provinces.
Pour eux tout empereur, Trajan même est Néron.
Ils se nomment chrétiens, et leur crime est leur nom.
Ils demandent la mort, ils courent au supplice,
Les plus longues douleurs prolongent leurs délices ;
Les rigueurs des tyrans leur semblent d'heureux dons ;
Ils bénissent la main qui détruit leurs prisons.
Qui peut leur inspirer la haine de la vie ?
D'éterniser son nom la ridicule envie,
Quelquefois, je l'avoue, en étouffe l'amour.
Lorsque sur un bûcher Pérégrin, las du jour,
D'un trépas éclatant cherche la renommée,
Un cynique orgueilleux s'évapore en fumée.
Mais cet immense amas de femmes et d'enfants
Qu'immolaient les Romains, qu'égorgeaient les Persans,
Tant d'hommes dont les noms sont restés en mémoire,
Couraient-ils à la mort pour vivre dans l'histoire ?
   Plaignez, me dira-t-on, leur triste aveuglement.
L'erreur a ses martyrs : le bonze follement
Ose offrir à son Dieu, stérile sacrifice,
Un corps qu'a déchiré son bizarre caprice.
Victime d'un usage antique et rigoureux,
La veuve, sans frémir, s'élance dans les feux,
Pour rejoindre un époux que souvent elle abhorre.
Chez un peuple insensé cette loi vit encore.
Egarement cruel ! loi digne de nos pleurs !
Que la religion enfante de malheurs !
   Respectons des mortels que Dieu même autorise.
Oui, de ses plus grands dons le ciel les favorise,
Et le ciel n'a jamais favorisé l'erreur.
Ils chassent ces esprits et de haine et d'horreur,
Cet infernal tyran, dont nos maux font la joie.
A la voix des chrétiens abandonnant sa proie,
Des corps qu'il tourmentait il s'enfuit consterné :
Le prince du mensonge est enfin détrôné.

Il usurpa l'empire, et sans peine et sans gloire,
Lorsque l'homme, emporté par la fureur de croire,
Sans que l'art êût besoin d'éblouir sa raison,
Au plus vil imposteur se livrait sans soupçon.
Mais ces temps ne sont plus : la Grèce la première
A su du moins ouvrir la route à la lumière.
On la cherche : Platon, par ses fameux écrits,
Des honteuses erreurs inspire le mépris.
Pleines de ses leçons, des écoles célèbres,
De l'enfance du monde écartent les ténèbres.
Le grave philosophe est partout révéré ;
Souvent même à la cour il se voit honoré.
Son crédit peut nous perdre, et sa haine y conspire.
Mais en vain cette haine arme Celse et Porphyre ;
Que peuvent contre nous leurs traits injurieux ?
Il fallait nous porter des coups plus sérieux,
Approfondir des faits récents à la mémoire,
Et sur ses fondements renverser notre histoire.
Qui ne sait que rallier évite un vrai combat.
On traite les chrétiens d'ennemis de l'Etat.
On impute le crime à ceux dont la doctrine
N'a pu que dans le ciel prendre son origine.
Ainsi que dans leurs mœurs, tout est pur dans leurs lois
C'est par eux qu'on apprend à respecter les rois ;
Et que même aux Néron on doit l'obéissance.
« *De Dieu*, nous disent-ils, *descend toute puissance*,
» Le prince est son image, et maître des humains,
» Tient du maître des cieux le glaive dans ses mains.
» Sujets, obéissez ; le murmure est un crime. »
En vain contre un pouvoir cruel, mais légitime,
Des peuples révoltés s'arment de toutes parts ;
Les chrétiens sont toujours fidèles aux Césars.
  Ont-ils donc par faiblesse une âme si soumise ?
Leur pouvoir éclatant redouble ma surprise.
La nature obeit et tremble devant eux.
Quel spectacle étonnant de miracles nombreux !
Que de tristes mourants qui fermaient leur paupière,
Sont tout à coup rendus à la douce lumière !
Et du fond des tombeaux que de morts rappelés !
De deux camps ennemis par la soif désolés.
Quand d'un soleil brûlant la chaleur les embrase,
L'un périt, le ciel tonne, et la foudre l'écrase ;
Et, tandis que ses feux écartent le Germain,
Un torrent salutaire abreuve le Romain ;
Le soldat, demi-mort, dans une heureuse pluie
Trouve tout à la fois la victoire et la vie.
De ce bienfait le prince admire les auteurs,
Et le peuple obstiné les appelle *enchanteurs* ;
Enchantement divin qui commande au tonnerre !
Le charme vient du ciel, quand il change la terre.
  Prodige inconcevable ! un instrument d'horreur,
La croix, est l'ornement du front d'un empereur.

Constantin triomphant fait triompher la gloire
Du signe lumineux qui promit sa victoire.
Cérès dans Eleusis voit ses initiés
Fouler robe, couronne et corbeille à leurs pieds.
Diane, tu n'es plus : soutiens de ta puissance,
Tes orfèvres d'Ephèse ont perdu l'espérance.
Les temples sont déserts, et le prêtre interdit,
Renversant l'encensoir de son dieu sans crédit,
Abandonne un autel toujours vide d'offrandes.
Delphes, jadis si prompt à répondre aux demandes,
D'un silence honteux subit les tristes lois.
Enfin, comme Apollon, tous les dieux sont sans voix.
Aux tombeaux des martyrs, fertiles en miracles,
Les peuples et les rois cherchent de vrais oracles,
On implore un mortel qu'on avait massacré,
Et l'on brise le dieu qu'on avait adoré.

    A ce torrent vainqueur Rome longtemps s'oppose,
Et de son Jupiter veut défendre la cause.
Mais contre elle il est temps de venger les chrétiens,
Du sang de tes enfants, grand Dieu, tu te souviens ;
Tant de cris qu'éleva sa fureur idolâtre
Ont assez retenti dans son amphithéâtre.
Tu vas lui demander compte de ses arrêts.
O Dieu des conquérants, les vengeurs sont tout prêts ;
Et Rome va tomber d une chute éternelle,
Ainsi que Babylone et ta ville infidèle
    Oui, c'est ce même Dieu qui sait à ses desseins
Ramener tous les pas des aveugles humains.
Sous d'orgueilleux vainqueurs quand les villes succombent,
Quand l'affreux contre-coup des empires qui tombent
Dans le monde ébranlé jette au loin la terreur,
Que sont tous ces héros qu'admire notre erreur,
Les ministres d'un Dieu qui punit les coupables,
Instruments de colère et verges méprisables.
Que prétend Attila ? Que demande Alaric ?
Où s'emporte Odoacre? où vole Genseric ?
Ils sont, sans le savoir, armés pour la querelle
D'un maître qui du Nord tour à tour les appelle.
Devant leurs bataillons il fait marcher l'horreur ;
Rome antique est livrée au barbare en fureur.
De sa cendre renaît une ville plus belle
Et tout sera soumis à la Rome nouvelle.

    Je la vois cette Rome où d'augustes vieillards,
Héritiers d'un apôtre, et vainqueurs des Césars,
Souverains sans armés, et conquérants sans guerre,
A leur triple couronne ont asservi la terre.
Le fer n'est pas l'appui de leurs vastes états.
Leur trône n'est jamais entouré de soldats.
Terrible par ses clefs et son glaive invisible,
Tranquillement assis dans un palais paisible,
Par l'anneau d'un pêcheur autorisant ses lois.
Au rang de ses enfants un prêtre met nos rois.

ils en ont le respect et l'humble caractère.
Qu'il ait toujours pour eux des entrailles de père
   D'une religion si prompte en ses progrès,
Si j'osais jusqu'à nous compter tous les succès,
Peindre les souverains humiliant leur tête,
Et la suivre partout de conquête en conquête,
Quel champ je m'ouvrirais ! quel récit glorieux !
Mais que pourrais-je apprendre à quiconque a des yeux
L'arbre couvre la terre, et ses branches s'étendent
Partout où du soleil les rayons se répandent.
De l'aurore au couchant on adore aujourd'hui
Celui qui de sa croix attira tout à lui.
Dans les temps que ce Dieu parmi nous daigna vivre,
L'aurais-je mieux connu, quand j'aurais pu le suivre
Des rives du Jourdain au sommet du Thabor ?
Non, maintenant sa gloire éclate plus encor.
   Je vois à ses côtés Moïse avec Elie.
Tout prophète l'annonce, et la loi le publie.
Ses apôtres enfin sont sortis du sommeil.
Que de nouveaux témoins m'a produit leur réveil !
C'est en mourant pour lui qu'ils lui rendent hommage.
Ils sont tous égorgés : voilà leur témoignage.
Je le vois ; c'est lui-même et je n'en puis douter.
Mais c'est peu de le voir, il le faut écouter.
La voix de tout ce sang que l'amour fit répandre,
Me répète la voix que le ciel fit entendre
Quand le Thabor brilla de l'un de ses rayons.
Oui, *c'est ce fils si cher* : écoutons et croyons.
« Le joug qu'il nous impose est, dit-on, trop pénible.
» Ses dogmes sont obscurs ; sa morale est terrible
» Nos esprits et nos cœurs sont en captivité. »
D'une nouvelle ardeur justement transporté,
De ces plaintes je veux repousser l'injustice.
Il n'est pas temps encor que ma course finisse ;
Poursuivons le déiste en ses détours divers.
Quel sujet fut plus grand et plus digne des vers

CHANT CINQUIEME

Le Verbe, égal à Dieu, splendeur de la lumière,
Avant que les mortels, sortis de la poussière,
Aux rayons du soleil eussent ouvert les yeux,
Avant la terre, avant la naissance des cieux,
Eternelle puissance, et sagesse suprême,
Le Verbe était en Dieu, Fils de Dieu, Dieu lui-même.
    Fils de Dieu, cependant fils de l'homme à la fois,
Peut-il toujours égal... Je m'arrête, et je crois.
Faible et fière raison, dépouille ton audace.
Le vent souffle : qui peut en découvrir la trace ?
Etonnés de son bruit, nous sentons son pouvoir.
Notre oreille l'entend, notre œil ne peut le voir.
Quelque trouble ici-bas que mon âme ressente,
La Foi, fille du ciel, devant nous se présente,
Sur une ancre appuyée, elle a le front voilé ;
Et m'éclairant du feu dont son cœur est brûlé :
« Viens, dit-elle, suis-moi. L'éclat que je fais luire,
    Quand tu baisses les yeux, suffit pour te conduire.

» Est-ce le temps de voir que le temps de la nuit ?
» En attendant le jour, docile à qui t'instruit,
» Tu dois à chaque pas plus adorer qu'entendre,
» Plus croire que savoir, et plus aimer qu'apprendre. »
    Faut-il, dit le déiste, enchaîner la raison,
N'est-elle pas du ciel le plus précieux don ?
Et pouvons-nous penser qu'en nous l'Etre suprême
Veuille étouffer un feu qu'il alluma lui-même.
    Il l'alluma sans doute, et cet heureux présent
Par son premier éclat guidait l'homme innocent.
Aujourd'hui presque éteinte, une flamme si belle
Ne prête qu'un jour sombre à l'âme criminelle :
Mais la foi le ranime avec un feu plus pur,
Et d'indignes mortels l'osent trouver obscur!
Quand par bonté pour eux un Dieu se manifeste,
Il leur en dit assez : qu'ils ignorent le reste.
Jusque au temps prescrit le grand livre est scellé.
    Pour nous confondre, hélas ! que n'a-t-il pas voilé ?
Pourrons-nous pénétrer ces mystères sublimes,
Quand ses moindres secrets sont pour nous des abîmes.
La nature à nos yeux sans cesse vient s'offrir :
Le livre à tout moment semble prêt à s'ouvrir :
Que de siècles perdus, sans que rien nous attire
A rechercher du moins ce que l'homme y peut lire ?
Et lorsque nos besoins, le temps et le hasard
Nous contraignent enfin d'y jeter un regard,
Instruits de quelques faits, en savons-nous les causes ?
Attentif au spectacle, en vain tu te proposes,
Philosophe orgueilleux, d'en suivre le dessein,
En vain tu veux chercher la nature en ton sein :
Là tu trouves écrit : *Arrête, téméraire,*
Nul de vous n'entrera jusqu'à mon sanctuaire.
Oui, même en ces objets si présents à nos yeux,
Tout devient invisible à l'œil trop curieux :
Et celui qui captive une mer furieuse
Borne aussi des humains la vue ambitieuse.
Pour sonder la nature ils font de vains efforts:
Ils en verront les jeux, mais jamais les ressorts.
Partout elle nous crie : *Adorez votre maître :*
Contemplez, admirez, jouissez sans connaître.
D'une attentive étude embrassant le parti
Du sein de l'ignorance un mortel est parti,
A-t-il tout parcouru ? Pour fruit de tant de peine,
- A l'ignorance encor son savoir le ramène.
Tu rougis, fier mortel, prête à me démentir,
Ta vanité murmure : il faut l'anéantir.
De tes fameux progrès cherchons quelle est la gloire :
Faisons de tout esprit l'humiliante histoire.
    L'intérêt nous donna nos premières leçons :
L'amour de nos troupeaux, le soin de nos moissons,
Nous firent d'un temps cher devenir économes,
Et la nécessité nous rendit astronomes.

Pouvions-nous mieux régler nos travaux et nos jours
Que sur ces corps brillants, si réglés dans leur cours?
Le peuple qui du Nil cultivait le rivage
Les observa longtemps sous un ciel sans nuage.
Pour mieux les contempler sous différents cantons,
Il les protége entre eux et leur cherche des noms.
Cassini, Galilée, excusez nos ancêtres ;
Leurs yeux, accoutumés à des objets champêtres,
Ne virent dans le ciel que chiens, béliers, taureaux ;
Vous y saurez un jour porter des noms plus beaux :
Saturne et Jupiter vanteront leur cortége ,
Mais de l'antiquité quel est le privilége !
Ces noms qu'auront forgés ces grossiers laboureurs
Imprimeront en nous d'éternelles erreurs.
Oh ! trop heureux l'enfant qui naît sous la balance !
De son cruel voisin détestons la puissance.
Horace frémira, s'il sait que le hasard
En naissant l'a frappé de ce triste regard.
Sur la voûte des cieux notre histoire est écrite,
Dans ce livre fatal plus d'un Cardan médite ;
Achetons leur faveur. Richelieu, Mazarin,
Vous-mêmes prodiguez vos bienfaits à Morin :
Ses yeux lisent un chiffre impénétrable aux vôtres :
Qu'il vous fasse trembler, faites trembler les autres.
D'une éternelle nuit le peuple menacé
Rappelle par ses cris le soleil éclipsé ;
Mais quel corps menaçant vient troubler la nature
Par son étincelant et longue chevelure ?
Qu'un si grand appareil annonce de fureur !
Vil peuple, il ne doit point te causer de terreur.
D'un important courroux ces députés sinistres,
Si ce n'est pour des rois, partent pour des ministres.
Le ciel a du loisir, ou nous fait trop d'honneur,
Le seul cri d'un hibou peut nous flétrir le cœur.
De tes astres, ô ciel, n'éteins pas la lumière ;
Verrons-nous sans pâlir tomber notre salière?
Rassurez-nous, devins, charmes, enchantements,
Amulettes, anneaux, baguettes, talismans,
Et tant d'autres secours qu'embrasse une ignorance
Si folle dans sa crainte et dans son espérance.
    De toutes nos erreurs quand le nombreux essaim,
Dans l'Egypte produit, s'échappa de son sein,
L'amour d'un doux climat l'emporta dans la Grèce.
Un peuple qu'endormaient dans une longue ivresse
La musique, les vers, les danses et les jeux,
D'Appelle, de Scopas, et d'Homère amoureux,
Consacrant aux beaux arts ses yeux et ses oreilles,
Du ciel et de la terre oublia les merveilles.
Leus sages rarement en parurent frappés ;
Et jamais les Romains n'en furent occupés.
Tout plein de son héros, au lieu de la nature,
Lucrèce leur chanta les rêves d'Epicure.

Ambitieux de vaincre, et non de discourir,
L'art des enfants de Mars fut l'art de conquérir.
L'étude a peu d'attraits pour les maîtres du monde :
Le soleil, disaient-ils, va se coucher dans l'onde ;
La voûte dont le cercle a pour base la mer,
Sous un dôme brillant couvre la terre et l'air :
Et le vieux océan, père de la nature,
Etend autour de nous son humide ceinture.
Tels étaient leurs progrès, lorsque du vrai savoir
La fureur des combats éteignit tout espoir.
Faible par sa grandeur, ce n'était qu'avec peine
Que sur la terre encore Rome étendait sa chaîne.
D'esclaves trop nombreux son empire accablé,
Malgré son double appui, se sentit ébranlé ;
Et lorsque par les mains du conquérant Hérule
Le trône des Césars tomba sous Auguslule,
Sa chute fit trembler celui des Constantins.
Le fameux imposteur, suivi des Sarrasins
Jeta les fondements d'un pouvoir formidable,
Que sous un autre nom rendit plus redoutable
Le peuple que l'Euxin vomit de ses marais ;
Du jour que le second de ses fiers Mahomets,
La gloire du croissant et la terreur du monde,
Eut enfin foudroyé Bysance et Trébisonde.
    Jour cruel ! jour fatal ! où, sur tant de trésors,
Antiques monuments respectés jusqu'alors,
Par la destruction signalant sa puissance,
Le barbare étendit sa stupide vengeance !
    Que nos plus beaux palais de cendres soient couverts,
Mais pourquoi tant d'écrits à nos regrets si chers,
Sont-ils brûlés par toi, vainqueur impitoyable ?
L'ignorance à tes vœux sans doute est favorable.
Que crains-tu ? son empire est partout affermi,
Depuis que du bons sens un savoir ennemi,
Trouvant l'art d'obscurcir le maître des ténèbres,
Forme dans ses écrits tous ces docteurs célèbres,
Qui, le dilemme en main, prétendent de l'*astrait*
Catégoriquement diviser le concret.
Quand viendra ton vengeur, ô raison qu'on outrage?
    De tant de mots pompeux le superbe étalage
Trouvait de tous côtés d'ardents admirateurs,
Et la nature entière était sans spectateurs !
L'intérêt cependant va nous rapprocher d'elle.
Un Génois nous apprend (quelle étrange nouvelle !)
Qu'au delà de ce monde il est un monde encor,
Monde dont l'habitant abandonne tout l'or.
Nous volons. Quel que soit l'objet qui nous anime,
Comment de tant de mers franchissons-nous l'abîme ?
Si longtemps sur sa feuille attaché dans un coin,
Par quel effort l'insecte a-t-il rampé si loin ?
    Un aimant (le hasard dans l'air le fit suspendre)
En regardant le pôle, aux yeux qu'il dut surprendre,

Révéla cet amour qu'on ne soupçonnait pas :
Amour heureux pour nous, et fatal aux Incas.
Nos flottantes forêts couvrent le sein de l'onde.
La boussole nous rend les citoyens du monde.
Des deux Indes pour nous elle ouvre tous les ports.
Et nous en rapportons par elle les trésors.
Tant d'objets différents, tant de fruits, tant de plantes,
(Que de l'esprit humain les conquêtes sont lentes)
Donnent enfin naissance aux désirs curieux,
Et la terre ramène à l'étude des cieux.
Faibles amas de sable, ouvrage de la cendre,
Deux verres (le hasard vient encore nous l'apprendre,
L'un et l'autre distants, l'un à l'autre opposés,
Qu'aux deux bouts d'un tuyau des enfants ont placés,
Font crier en Zélande : O surprise ! ô merveille !
Et le Toscan fameux à ce bruit se réveille
De Ptolomée alors, armés de meilleurs yeux,
Il brise les cristaux, les cercles et les cieux ;
Tout change, par arrêt du hardi Galilée.
La terre loin du centre est enfin exilée.
Dans un brillant repos le soleil, à son tour,
Centre de l'univers, roi tranquille du jour,
Va voir tourner le ciel, et la terre elle-même.
En vain l'inquisiteur croit entendre un blasphême :
Et six ans de prison forcent au repentir
D'un système effrayant l'infortuné martyr :
La terre, nuit et jour à sa marche fidèle,
Emporte Galilée et son juge avec elle.
    D'un monde encor nouveau que d'habitants obscurs
Vous tirez du néant, illustres Réaumurs !
Pourquoi, sans spectateur, tout un peuple en silence
Veut-il nous dérober tant de magnificence ?
Sans un verre nos yeux ne le connaîtraient pas.
Celui qui fit ces yeux pour veiller sur nos pas,
Ne nous en donne point pour voir tous ses ouvrages,
Et lorsque nous voulons percer jusqu'aux nuages
Où s'enferme ce Dieu, de ses secrets jaloux,
Pour regarder si haut quels yeux espérons-nous ?
Vers la terre, à la terre arrêtez votre vue.
A peine sa beauté, jusqu'alors inconnue,
A plus d'une merveille eut su nous attacher,
Que l'on vit en tous lieux du soin de les chercher,
Naître l'heureux dégoût des questions si folles
Dont l'antique tyran des bruyantes écoles,
Le héros de Stagyre, allumait la fureur.
Du vide la nature avait encore horreur.
Rassurons-nous pourtant. Le jour commence à naître :
Nous allons tous penser. Descarte va paraître.
    Il vit toujours caché ; mais ses brillants travaux
Forment ses sectateurs ainsi que ses rivaux.
Ils tiennent tous de lui leurs armes et leur gloire,
Et même ses vainqueurs lui doivent leur victoire.

Nous pouvons aujourd'hui porter plus loin nos pas,
Nous courons ; mais sans lui nous ne marcherions pas.
Si la France n'eût point produit cette lumière,
Londres de son Newton ne serait pas si fière.
Par eux, l'esprit humain qu'ils honorent tous deux,
Instruit de sa grandeur, la reconnaît en eux.
Mais sitôt que trop loin l'un ou l'autre s'avance,
L'esprit humain par eux apprend son impuissance.
Descartes le premier me conduit au conseil
Où du monde naissant Dieu règle l'appareil ;
Là, d'un cubique amas, berceau de la nature,
Sortent trois éléments de diverse figure ;
Là, ces angles qu'entre eux brise leur frottement,
Quand Dieu, qui dans le plein met tout en mouvement,
Pour la première fois fait tourner la matière,
Se changent en subtile et brillante poussière.
Newton ne la voit pas ; mais il voit, ou croit voir,
Dans un vide étendu tous les corps se mouvoir.
Exerçant l'un sur l'autre un mutuel empire,
Par les mêmes liens l'un et l'autre s'attire,
Tandis qu'au même instant, et par les mêmes lois,
Vers un centre commun tous pèsent à la fois,
Qui peut, entre ces corps de grandeur inégale,
Décrire les combats de la force centrale ?
L'algèbre avec honneur débrouillant ce cahos,
De ces hardis calculs hérisse son héros.
Vous que de l'univers l'architecte suprême
Eût pu charger du soin de l'éclairer lui-même,
Des travaux qu'avec vous je ne puis partager,
Si j'ose vous distraire et vous interroger,
Dites-moi quel attrait à la terre rappelle
Ce corps que dans les airs je lance si loin d'elle ?
La pesanteur... Déjà ce mot vous trouble tous.
Expliquez-moi du moins ce qui se passe en vous.
Au sortir d'un repas, dans votre sein paisible,
Quel ordre renouvelle un combat invisible ?
Et quel heureux vainqueur a pu si promptement
Chercher, saisir, dompter, broyer cet aliment
Qui bientôt, liqueur douce, ira de veine en veine,
Se confondre en son cours dans le sang qui l'entraîne ?
Dans un autre combat, non moins cher à nos vœux,
Comment peut une écorce, espoir d'un malheureux,
Attaquer, conquérir, enchaîner l'ennemie
Qui, tantôt en fureur, et tantôt endormie,
A fait trève avec nous le jour de son sommeil ?
Mais au jour de colère, exacte à son réveil,
Elle rallume un feu qui dans nos yeux pétille.
Tous nos esprits subtils, vagabonde famille,
S'égarent dans leur course ; en désordre comme eux,
L'âme même s'oublie, et, dans son trouble affreux,
La mort, prête à frapper, déjà lève sa foudre.
Que d'alarmes, quels maux apaise un peu de poudre !

De systèmes savants épargnez-vous les frais,
Et ces brillants discours qui n'éclairent jamais.
Avouez-nous plutôt votre ignorance extrême.
Hélas ! tout est mystère en vous-même à vous-même,
Et nous voulons encor qu'à d'indignes sujets
Le souverain du monde explique ses projets,
Quand ce corps, de notre âme esclave méprisable,
Lui cache ses secrets d'un voile impénétrable,
De la religion si j'éteins le flambeau,
Je me creuse à moi-même un abîme nouveau.
Déiste, que pour toi la nuit devient obscure !
Et de quel voile encor tu couvres la nature !
A tes yeux comme aux miens peut-elle rappeler
Celui qui pour un temps ne veut que m'exiler ?
Si la terre n'est point un séjour de vengeance,
Peux-tu dans cet ouvrage admirer sa puissance ?
La peste, le ravage, et d'affreux tremblements
Précèdent la fureur de ses embrasements.
Le froid la fait languir, la chaleur la dévore,
Et pour comble de maux son roi la déshonore.
L'être pensant qui doit tout ordonner, tout voir,
Dans ses tristes Etats, aveugle et sans pouvoir,
Jouet infortuné de passions cruelles,
Est un roi qui commande à des sujets rebelles,
Et le jour de sa paix est le jour de sa mort.
Son Etat, tu le sais, attend le même sort,
Tout périra, le feu réduira tout en cendre ;
Tu le sais dès longtemps ; mais sauras-tu m'apprendre
Par quel caprice un Dieu détruit ce qu'il a fait ?
Que n'avait-il du moins rendu le tout parfait ?
S'il n'a pu, ce Dieu qu'a-t-il donc d'admirable ?
S'il ne l'a pas voulu, te semble-t-il aimable ?
Tu t'efforces en vain, toi qui prétends tout voir,
D'arracher le rideau qui fait ton désespoir.
Pour moi j'attends qu'un jour Dieu lui-même l'enlève.
Il suffit qu'un instant la foi me le soulève ;
J'en vois assez, et vais t'apprendre ta leçon,
Qui console à la fois le cœur et la raison.
   Oui, le tout doit répondre à la gloire du maître ;
L'univers est son temple, et l'homme en est le prêtre :
Le temple inanimé, sans le prêtre, est muet.
Cet immense univers, de la main qui l'a fait
Doit, par la voix de l'homme, adorer sa puissance,
Et rendre le tribut de sa reconnaissance.
Ce tribut dura peu : l'ordre fut renversé,
Quand par le prêtre ingrat le Dieu fut offensé.
La nature perdit toute son harmonie ;
Avec le criminel la terre fut punie.
De l'homme et de ses fils le déplorable sort
Fut la pente au péché, l'ignorance et la mort.
Mais ses fils n'étaient pas ; une race future...
Lorsque le Créateur frappe sa créature,

Poésies. 8

Est-ce à notre justice à mesurer les coups?
Et ce qu'un Dieu se doit, mortels, le savez-vous?
La terre ne fut plus un jardin de délices.
Ministre cependant de nos derniers supplices,
Et maintenant si prompte à les exécuter,
La mort, sous un ciel pur, sembla nous respecter.
Hélas! cette lenteur à prendre ses victimes
Ne fit que redoubler nos ardeurs pour nos crimes.
Une seconde fois frappant notre séjour,
Le ciel défigura l'objet de notre amour.
La terre, par ce coup, jusqu'au centre ébranlée,
Hideuse en mille endroits, et partout désolée,
Vit sur son sein flétri les cavernes s'ouvrir,
Les pierres, les rochers, les sables la couvrir,
Et s'élever sur elle en ténébreux nuages,
De funestes vapeurs, mères de tant d'orages.
Les saisons en désordre et les vents en courroux
Fournissent à la mort des armes contre nous;
Et toute la nature, en ce temps de souffrance,
Captive, gémissante, attend sa délivrance;
Au criminel soumise, obéit à regret,
Se cache à nos regards, et soupire en secret.
Oui, tout nous est voilé, jusqu'au moment terrible,
Moment inévitable, où Dieu, rendu visible,
Précipitant du ciel tous les astres éteints,
Remplacera le jour, et sera pour ses saints
Cette unique clarté si longtemps attendue,
Pour eux-mêmes sévère, ici-bas à leur vue.
Il se montre, il se cache, et par l'obscurité
Conduit ceux qu'autrefois perdit la vanité.
De quoi se plaindre? Il peut nous ravir sa lumière,
Par grâce il ne veut pas la couvrir tout entière.
Qui la cherche est bientôt pénétré de ses traits;
Qui ne la cherche pas ne la trouve jamais.
Ainsi de nos malheurs j'explique le mystère.
Dans un maître irrité j'admire un tendre père;
Et je ne vois partout que rigueur et bontés,
Châtiments et bienfaits, ténèbres et clartés.
Si ma religion n'est qu'erreur et que fable,
Elle me tend, hélas! un piège inévitable.
Quel ordre! quel éclat! et quel enchaînement!
L'unité du dessein fait mon étonnement.
Combien d'obscurités tout-à-coup éclaircies!
Historiens, martyres, figures, prophéties,
Dogmes, raisonnements, écrits, tradition,
Tout s'accorde, se suit; et la séduction
A la vérité même en tout point est semblable.
Déistes, dites-nous quel génie admirable
Nous sait de toutes parts si bien envelopper,
Que vous devez rougir vous-mêmes d'échapper?
Quand votre Dieu pour vous n'aurait qu'indifférence,
Pourrait-il, oubliant sa gloire qu'on offense,

Permettre à cette erreur, qu'il semble autoriser,
D'abuser de son nom pour nous tyranniser ?
   Par quel crédit encor, si loin de sa naissance,
Ce mensonge en tous lieux a-t-il tant de puissance ?
De l'Islande à Java, du Mexique au Japon,
Du hideux Hottentot jusqu'au transi Lapon,
Nos prêtres de leur zèle ont allumé les flammes ;
Ils ont couru partout pour conquérir des âmes ;
Des esclaves partout ont chéri leurs vainqueurs :
Que leur fable est heureuse à soumettre les cœurs.
   Si, des rives du Gange aux rives de la Seine,
Entraînés par l'ardeur qui vers eux nous entraîne,
D'éloquents talapoins, munis d'un long sermon,
Accouraient nous prêcher leur Sommonokodon,
Ou que, prédicateurs au bon sens moins contraires,
L'Alcoran dans leurs mains, des derviches austères
De par le grand prophète, en termes foudroyants,
Vinssent nous proposer d'être de vrais croyants :
Quelle moisson de cœur feraient de tels apôtres !
Leurs peuples cependant ont tous reçu les nôtres.
Un Dieu pauvre, souffrant, mort et ressuscité,
Un Dieu né dans le sein de la Virginité,
Ne commande par eux que pleurs et pénitence.
Est-ce de leurs discours la brillante éloquence
Qui peut à sa pagode arracher un Chinois ?
Quel champ pour l'orateur que la crèche et la croix !
Celui qui l'a prédit opère ce miracle.
Tout peuple, toute terre entendra son oracle.
Sa loi sainte sera publiée en tous lieux ;
Je me soumets sans peine à ce joug glorieux.
Quoique captive enfin, la raison qui m'éclaire
N'y voit point de lumière à la sienne contraire.
Mais son flambeau s'unit au flambeau de la foi,
Et toutes deux ne sont qu'une clarté pour moi.
Le Verbe s'est fait chair : je l'adore et m'écrie :
Trois fois saint est le Dieu qui m'a donné la vie !
   De l'horreur du néant à ton ordre tout sort ;
En toi seul est la vie, et sans toi tout est mort.
O sagesse, ô pouvoir dont le monde est l'ouvrage,
Du Très-Haut, ton égal, la parole est l'image !
Quand sous nos traits caché tu parus ici-bas,
Les ténèbres, grand Dieu ! ne te comprirent pas.
Aujourd'hui que ta gloire éclate à notre vue,
Que ta religion est partout répandue ;
De superbes esprits, ivres d'un faux savoir,
Quand tu brilles sur eux, refusent de te voir.
Leur déplorable sort ne doit plus nous surprendre,
Les ténèbres jamais ne pourront te comprendre.
L'aveugle, environné de l'astre qui nous luit,
Couvert de ses rayons, est toujours dans la nuit.
En vain ces insensés parlent d'un premier être :
Sans toi, Verbe éternel, peuvent-ils le connaître ?

Ouvre leurs yeux, mes vers ne les pourront ouvrir.
Change-les. Mais pour eux quand je veux t'attendrir,
Le pécheur insolent dont la bouche profane,
Aux hommes, sans ton ordre, ose annoncer ta loi ?
Et dois-je t'implorer pour d'autres que pour moi ?
L'impiété s'armait d'une fureur nouvelle ;
L'arche sainte en péril m'a fait trembler pour elle ;
Et j'ai cru que ma main la pourrait soutenir ;
Oui, j'ai cru. Tu vas peut-être m'en punir,
Et mon zèle peut-être irrite ta colère,
Quand je crains pour ta gloire et celle de ton père.
O crainte ! que la foi doit chasser de mon cœur,
Tu n'as point parmi nous besoin d'un défenseur ;
Du prince des enfers que la rage frémisse,
Qu'il ébranle, s'il peut, ton auguste édifice.
Quand mes yeux le verraient tout prêt à succomber,
L'arche du Dieu vivant ne peut jamais tomber.

CHANT SIXIEME

Non, des mystères saints l'auguste obscurité
Ne me fait point rougir de ma docilité.
Je ne dispute point contre un maître suprême
Qui m'instruira de Dieu, si ce n'est Dieu lui-même ?
Dans un sombre nuage il veut s'envelopper ;
Mais il est un rayon qu'il en laisse échapper.
Que me faut-il de plus ? Je marche avec courage,
Et, content d'un rayon, j'adore le nuage.
Il a dit, et je crois. Aux pieds de son auteur
Ma raison peut sans honte abaisser sa hauteur.
Mais pourquoi, non content de ce grand sacrifice,
Ce Dieu veut-il encor que l'homme se haisse ?
Je m'aime : faut-il donc que, m'armant de rigueur,
Toujours le glaive en main, j'aille au fond de mon cœur
(Sacrifice sanglant, guerre longue et cruelle !)
Couper de cet amour la racine éternelle ?
Il veut, jaloux d'un bien qu'il n'a fait que pour lui,
De nos cœurs isolés être le seul appui.

Suis-je un objet si grand pour tant de jalousie ?
De l'or ni des honneurs l'indigne frénésie
Ne lui ravira point ce cœur qu'il doit avoir.
Faut-il à si bas prix sortir de son devoir ?
Mais, pour quelque douceur rapidement goûtée,
Qui console en sa soif une âme tourmentée,
Croirons-nous qu'en effet il s'irrite si fort ?
Et pour un peu de miel condamne-t-il à mort ?
Je sais qu'il nous demande un amour sans partage :
Mais enfin la nature est aussi son ouvrage ;
Et lorsqu'à tant de maux tu mêles quelques biens,
O nature, tes dons ne sont-ils pas les siens ?
Ce n'est pas qu'attendant de toi les biens solides,
Chez tes amis fameux je choisisse mes guides.
L'arbitre renommé du plaisir élégant
M'étalerait en vain tout son luxe savant :
L'art de se rendre heureux ne s'apprend point d'un maître
Habile seulement à ne se point connaître,
Qui, mettant de sang-froid la prudence à l'écart,
Veut vivre à l'aventure et mourir au hasard.
Ce rimeur enjoué m'inspire la tristesse.
Et que m'importe à moi sa goutte et sa vieillesse ?
L'ennui de ses malheurs dicta ses vers badins ;
Il m'y dépeint sa joie, et j'y lis ses chagrins ;
Il me chante l'amour d'une voix affligée ;
Et, suivant mollement sa muse négligée,
Du mépris de la mort me parle à chaque pas ;
Il m'en parlerait moins s'il ne la craignait pas.
Illustre paresseux dont Pétrone est le maître,
O vous, mortels contents, puisque vous croyez l'être,
Vous me chantez en vain vos jours délicieux ;
Ne me comptez jamais parmi vos envieux.
Hélas ! dans ce temps même à vos cœurs favorable,
Règne affreux de Vénus, quand l'homme déplorable
Consacra ses plaisirs sous des noms empruntés,
Et de ses passions fit ses divinités,
Le sage dut toujours, honteux de sa faiblesse,
Encenser à regret les dieux de la mollesse.
Leurs charmes quelquefois peuvent nous entraîner.
Malheureux sous leur jong qui se laisse enchaîner ?
Mais contre un ennemi qui souvent est aimable,
Faut-il faire à toute heure une guerre implacable ?
Un seul moment de paix me rend-il criminel ?
Et le Dieu des chrétiens n'est-il pas trop cruel,
Quand il veut que, pour lui renonçant à moi-même,
Pour lui mettant ma joie à fuir tout ce que j'aime,
J'étouffe la nature, et maître infortuné,
Je gourmande en tyran ce corps qu'il m'a donné :
Dans sa morale enfin trouverai-je des charmes,
Quand il appelle heureux ceux qui versent des larmes ?
     Ainsi parle un mortel qui combat à regret
Une religion qu'il admire en secret.

Frappé de sa grandeur, il la croit, il l'adore;
Troublé par sa morale, il veut douter encore.
Il repousse le Dieu dont il craint la rigueur.
Achevons le triomphe en parlant à son cœur ;
Et, cherchant un accès dans ce cœur indocile,
Chassons l'impiété de son dernier asile.
   A la religion si j'ose résister,
C'est la raison du moins que je dois écouter.
A la divine loi quand je crains de souscrire,
Celle de la nature a sur moi tout l'empire.
Je veux choisir mon joug, et qu'entre ces deux lois
Mon intérêt soit juge et décide mon choix.
Sans doute qu'indulgente à nos âmes fragiles,
La raison ne prescrit que des vertus faciles ;
N'allons point toutefois les chercher dans Platon,
Et laissons déclamer Senèque et Cicéron.
Ces fastueux concerts de l'humaine faiblesse,
Inspirés par l'orgueil plus que par la sagesse,
Peut-être en leurs écrits, remplis d'austérité,
Ont suivi la raison moins que leur vanité.
Faisons parler ici des docteurs moins rigides ;
Que les poètes seuls soient nos aimables guides.
De leurs vers enchanteurs, où tout doit nous charmer,
La morale n'a rien qui nous doive alarmer.
Cherchons-y ces devoirs qui, tous tant que nous sommes,
Nous attachent au ciel, à nous, à tous les hommes.
   « De Jupiter partout l'homme est environné,
 » Rendons tout à celui qui nous a tout donné.
 » Jetons-nous dans le sein de sa bonté suprême.
 » Je suis cher à mon Dieu beaucoup plus qu'à moi-même.
 » Notre encens pourrait-il, par sa stérile odeur,
 » D'un être souverain contenter la grandeur?
 » D'un méchant qui le prie il rejette l'offrande :
 » Un cœur juste, un cœur saint, voilà ce qu'il demande.
 » A l'un de ses côtés la justice, debout,
 » Jette sur nous sans cesse un coup-d'œil qui voit tout,
 » Et, le glaive à la main demandant ses victimes,
 » Présente devant lui la liste de nos crimes.
 » Mais de l'autre côté la clémence, à genoux,
 » Lui présentant nos pleurs, désarme son courroux
 » Quand pour moi si souvent j'implore la clémence,
 » N'en aurai-je jamais pour celui qui m'offense?
 » Je plains le malheureux qui prétend m'outrager
 » Et j'abandonne au ciel le soin de me venger.
 » Si je n'ose haïr l'ennemi qui m'afflige,
 » Que ne dois-je pas à l'ami qui m'oblige
 » Je donne à ses défauts des noms officieux ;
 » Mon cœur pour l'excuser me rend ingénieux.
 » Il m'excuse à son tour, et de mon indulgence
 » Celle qu'il a pour moi devient la récompense.
 » Ma charité s'étend sur tous ceux que je vois,
 » Je suis homme, tout homme est un ami pour moi.

» Le pauvre et l'étranger, le ciel me les envoie,
» Et mes mains avec eux partagent avec joie
» Des biens qui pour moi seul n'étaient pas destinés,
» Les solides trésors sont ceux qu'on a donnés.
» D'une âme généreuse, ô volupté suprême !
» Un mortel bienfaisant approche de Dieu même.
» L'amour de ses pareils sera toujours en lui
» Des humaines vertus l'inébranlable appui,
» Voudrait-il, alarmant ma tendresse jalouse,
» Me faire soupçonner la foi de mon épouse?
» O crime qui des lois craint partout la rigueur,
» A tes premiers attraits il a fermé son cœur.
» Qui nourrit en secret un désir téméraire,
» Même dans un corps pur porte une âme adultère,
» La pudeur est le don le plus rare des cieux,
» Fleur brillante, l'amour des hommes et des dieux,
» Le plus riche ornement de la plus riche plaine,
» Tendre fleur que flétrit une indiscrète haleine,
» L'amour, le tendre amour, flatte en vain mes ésirs,
» L'hymen, le seul hymen en permet les plaisirs.
» Des passions sur moi je réprime l'empire.
» Le monde à mes regards n'offre rien que j'admire.
» Libre d'ambition, de soins débarrassé,
» Je me plais dans le rang où le ciel m'a placé ;
» Et, pauvre sans regret, ou riche sans attache,
» L'avarice jamais au sommeil ne m'arrache.
» Je ne vais point, des grands esclaves fastueux,
» Les fatiguer de moi, ni me fatiguer d'eux.
» Faux honneurs ! vains travaux ! vrais enfants que vous êtes !
» Que de vide, ô mortels, dans tout ce que vous faites !
» Dégoûté justement de tout ce que je vois,
» Je me hâte de vivre, et de vivre avec moi.
» Je demande et saisis avec un cœur avide
» Ces moments que m'éclaire un soleil si rapide ;
» Dons à peine obtenus qu'ils nous sont emportés,
» Moments que nous perdons, et qui nous sont comptés !
» L'estime des mortels flatte un peu mon envie,
» J'évite leurs regards et leur cache ma vie.
» Que mes jours pleins de calme et de sérénité,
» Coulent dans le silence et dans l'obscurité.
» Ce jour même des miens est le dernier peut être;
» Trop connu de la terre, on meurt sans se connaître.
» Je l'attends cette mort sans crainte ni désir;
» Je ne puis l'avancer, je ne puis la choisir.
» L'exemple des Catons est trop facile à suivre.
» Lâche qui veut mourir, courageux qui peut vivre :
» Demeurons dans le poste où le ciel nous admit :
» Et s'il nous en rappelle, à ses ordres soumis,
» Partons. Heureux alors qui, tournant en arrière
» Un regard sur les pas de toute sa carrière,
» Sur tant de jours passés, qu'il se rend tous présents,
» Quelque nombreux qu'ils soient, les voit tous innocents!

» Quel doux contentement goûte une âme ravie !
» Ah ! c'est jouir deux fois du plaisir de la vie. »
Voilà donc cette loi si pleine de douceurs,
Cette route où j'ai cru marcher parmi les fleurs !
Quoi ! je trouve partout la morale cruelle !
Catulle m'y ramène, Horace m'y rappelle.
Tibulle m'en réveille un triste souvenir,
Lorsque de sa Délie il croit m'entretenir.
La règle de mes mœurs, cette loi si rigide,
Est écrite partout, et même dans Ovide.
Oui, c'est dans ces écrits, dont j'étais amoureux,
Que la raison m'impose un joug si rigoureux,
Que m'ordonne de plus, à quel joug plus pénible
Me condamne le Dieu qu'on m'a peint si terrible ?
Mon choix n'est plus douteux, je ne balance pas.
Eh quoi ! de la vertu respectant les appas,
L'amour de mon bonheur me pressait de la suivre.
Doux, chaste, bienfaisant, pour moi seul j'allais vivre.
O grand Dieu ! sans changer, j'obéis à ta loi :
Doux, chaste, bienfaisant, je vais vivre pour toi.
Loin d'y perdre, Seigneur, j'y gagne l'assurance
De tant de biens promis à mon obéissance.
Que dis-je ! La vertu qui m'avait enchanté,
De ses attraits, hélas ! admirateur stérile,
J'aurais poussé vers elle un soupir inutile.
Qu'était l'homme, en effet, qu'erreur, illusion,
Avant le jour heureux de la religion ?
Les sages, dans leurs mœurs, démentaient leurs maximes
Quand Lycurgue s'oppose au torrent de nos crimes.
Législateur impur, il en grossit le cours.
Ovide est quelquefois un Sénèque en discours ;
Sénèque dans ses mœurs est souvent un Ovide.
A l'amour, qui ne prend que sa fureur pour guide,
Des mains de Solon même un temple fut construit.
Et quel voluptueux rougira de ses vices,
Quand ses réformateurs deviennent mes complices ?
Toute lumière alors n'était qu'obscurité,
Et souvent la vertu n'était que vanité.
Je déteste ces jeux d'où Caton se retire,
En méprisant Caton, qui veut que je l'admire.
De l'humaine vertu reconnaissant l'écueil,
Quand l'homme n'est qu'à lui, tout l'homme est à l'orgueil.
Il n'aime que lui seul, dans ce désordre extrême
Il faut, pour le guérir, l'arracher à lui-même.
Mais qui pourra porter ce grand coup dans son cœur ?
De la religion le charme est son vainqueur.
Elle seule a détruit le plus grand des obstacles :
Reconnaissons aussi le plus grand des miracles.
Le cœur n'est jamais vide. Un amour effacé
Par un nouvel amour est toujours remplacé :
Et tout objet qu'efface un objet plus aimable,
Sitôt qu'il est chassé, nous paraît haïssable.

L'homme s'aimait ; Dieu vient, il nous dit : *Aimez-moi,*
Aimez-vous : l'amour seul comprend toute ma loi.
Nouveau commandement. Le maître qui le donne
Allume dans les cœurs cet amour qu'il ordonne.
L'homme se sent brûler d'une ardeur qui lui plaît.
Plein du Dieu qui l'enchante, aussitôt il se hait.
Tout en lui maintenant lui paraît méprisable.
Il s'abaisse : Du sein de son humilité
Sort un homme nouveau qu'a fait la charité,
Et ce n'est plus pour lui, mais pour son Dieu qu'il s'aime.
Il se réconcilie alors avec lui-même.
  Sitôt que par l'amour l'ordre fut rétabli,
Des plus grandes vertus l'univers fut rempli.
Et qu'est-ce que l'amour trouverait de pénible?
Les supplices, la mort, n'ont rien qui soit terrible :
D'innombrables martyrs se hâtent d'y courir.
Les déserts sont peuplés d'exilés volontaires,
Qui, toujours innocents, se punissent toujours.
A la virginité l'on consacre ses jours,
Le corps n'a plus d'empire, et l'âme toute pure
Impose pour jamais silence à la nature.
Deux cœurs tendres qu'unit la main qui les a faits
Goûtent dans leurs plaisirs une innocente paix,
Et leur chaîne est pour eux aussi sainte que chère.
Le pauvre et l'orphelin dans le riche ont un père.
Au plus juste courroux qui peut s'abandonner,
Quand le prince lui-même apprend à pardonner?
Théodose est en pleurs, Ambroise en est la cause :
J'admire également Ambroise et Théodose.
  A ces traits éclatants reconnaissons les fruits
Que, fertiles en héros, l'amour seul a produits.
Un culte sans amour n'est qu'un stérile hommage :
L'honneur qu'on doit à Dieu n'admet point de partage.
Ses temples sont nos cœurs. Quel terme, direz-vous,
Doit avoir cet amour qu'il exige de nous ?
Si vous le demandez, vous n'aimez point encore :
Tout rempli de l'objet dont l'ardeur le dévore,
Quel autre objet un cœur pourrait-il recevoir ?
Le terme de l'amour est de n'en point avoir.
Ne forgeons point ici de chimère mystique :
Comment faut-il aimer ? la nature l'explique.
De toute autre leçon méprisant la langueur,
Ecoutons seulement le langage du cœur.
  « La grandeur, ô mon Dieu! n'est pas ce qui m'enchante,
» Et jamais des trésors la soif ne me tourmente,
» Ma seule ambition est d'être tout à toi,
» Mon plaisir, ma grandeur, ma richesse est ta loi ;
» Je ne soupire point après la renommée.
» Qu'inconnue aux mortels, en toi seul renfermée,
» Ma gloire n'ait jamais que tes yeux pour témoins.
» C'est en toi que je trouve un repos dans mes soins.
» Tu me tiens lieu du jour dans cette nuit profonde.

» Au milieu du désert tu me rends tout le monde,
» Les hommes vainement m'offriraient tous leurs biens,
» Les hommes ne pourraient me séparer des liens.
» Ceux qui ne t'aiment pas, ta loi leur fait entendre
» Qu'aux malheurs les plus grands ils doivent tous s'attendre.
» O menace, mon Dieu, qui ne peut m'alarmer!
» Le plus grand des malheurs est de ne point t'aimer.
» Que ta croix dans mes mains soit à ma dernière heure,
» Et que, les yeux sur toi, je t'embrasse et je meure! »
C'est dans ces vifs transports que s'exprime l'amour.
    Hélas! ce feu divin s'éteint de jour en jour :
    A peine il jette encor de languissantes flammes.
L'amour meurt dans les cœurs, et la foi dans les âmes.
Qu'êtes-vous devenus, beaux siècles, jours naissants,
Temps heureux de l'église, ô jours si florissants?
Et vous, premiers chrétiens, ô mortels admirables,
Sommes-nous aujourd'hui vos enfants véritables?
Vous n'aviez qu'un trésor et qu'un cœur entre vous,
Et sous la même loi nous nous haïssons tous.
Haine affreuse, ou plutôt impitoyable rage,
Quand, par elle aveuglés, nous croyons rendre hommage
Au Dieu qui ne prescrit qu'amour et que pardon :
Dieu de paix, que de sang a coulé sous ton nom !
N'ont-ils jamais marché que sous ton oriflamme?
Imprimaient-ils aussi ton image en leur âme,
Tous ces héros croisés qui d'infidèles mains
Ne voulaient, disaient-ils, qu'arracher les lieux saints?
Leurs crimes ont souvent fait gémir l'infidèle.
En condamnant leurs mœurs vantons du moins leur zèle,
Mais détestons toujours celui qui parmi nous
De tant d'affreux combats alluma le courroux.
Quels barbares docteurs avaient pu nous apprendre
Qu'en soutenant un dogme, il faut pour le défendre,
Armé du fer, saisi d'un saint emportement,
Dans un cœur obstiné plonger son argument?
A la fin de mes chants je me hâte d'atteindre ;
Et si je ne sentais ma voix prête à s'éteindre
Vous me verriez peut-être attaquer vos erreurs,
Vous qui, de l'hérésie, épousant les fureurs,
Enfants du même Dieu, nés de la même mère,
Suivez un étendard au nôtre si contraire.
Unis tous autrefois, maintenant écartés,
Qui l'a voulu ? C'est vous qui nous avez quittés ;
Vos pères ont été les frères de nos pères.
Vous le savez : pourquoi n'êtes-vous plus nos frères
Avez-vous pour toujours rompu des nœuds si chers?
Accourez, accourez : nos bras vous sont ouverts.
De coupables aïeux déplorables victimes,
Ils vous ont égarés ; vos erreurs sont leurs crimes.
Revenez au drapeau qu'ils ont abandonné :
Par le père commun tout sera pardonné.
Songez, songez que même à nos aînés perfides,

Aux restes odieux de ses fils parricides,
Ce Dieu tant outragé doit pardonner un jour
Contre toute espérance, espérons leur retour.
    Oui, le nom de Jacob réveillant sa tendresse,
Il se rappellera son antique promesse.
Il n'a point épuisé pour eux tout son trésor.
L'arbre longtemps séché doit refleurir encor.
Ils sont prédits les jours où par des pleurs sincères
L'enfant effacera l'opprobre de ses pères.
Tremblons à notre tour, ils sont aussi prédits
Les jours où l'on verra tous nos cœurs refroidis :
Ce temps fatal approche. O liens salutaires !
Vous captivez encor quelques âmes vulgaires ;
Mais un sublime esprit vous brave hautement
Et se vante aujourd'hui de penser librement.
Il doute, il en fait gloire, et sans inquiétude,
Garde jusqu'au tombeau sa noble incertitude.
Tout était adoré dans le siècle païen :
Par un excès contraire on n'adore plus rien.
Il faut qu'en tous ses points l'oracle s'accomplisse,
Il faut que par degrés la foi tombe et périsse,
Jusqu'au terrible jour tant de fois annoncé,
Ce jour dont l'univers fut toujours menacé :
Jour de miséricorde, ainsi que de vengeance.
Déjà je crois le voir, j'en frémis par avance.
Déjà j'entends des mers mugir les flots troublés ;
Déjà je vois pâlir les astres ébranlés.
Le feu vengeur s'allume, et le son des trompettes
Va réveiller les morts dans leurs sombres retraites.
Ce jour est le dernier des jours de l'univers.
Dieu cite devant lui tous les peuples divers,
Et pour en séparer les saints, son héritage,
De sa religion vient consommer l'ouvrage.
La terre, le soleil, le temps, tout va périr,
Et de l'éternité les portes vont s'ouvrir.
Elles s'ouvrent : le Dieu si longtemps invisible
S'avance, précédé de sa gloire terrible ;
Entouré du tonnerre, au milieu des éclairs,
Son trône étincelant s'élève dans les airs ;
Le grand rideau se tire, et ce Dieu vient en maître.
Malheureux qui pour lors commence à le connaître !
Ses anges ont partout fait entendre leurs voix.
Et sortant de la poudre une seconde fois,
Le genre humain tremblant, sans appui, sans refuge,
Ne voit plus de grandeur que celle de son juge.
Ebloui des rayons dont il se sent percer,
L'impie avec horreur voudrait les repousser.
Il n'est plus temps. Il voit la gloire qui l'opprime,
Et tombe enseveli dans l'éternel abîme,
Lieu de larmes, de cris et de rugissements.
Dans ce séjour affreux quels seront vos tourments ?
Infidèles chrétiens, cœurs durs, âmes ingrates,

Quand, malgré leurs vertus, les Titus, les Socrates
(Hélas ! jamais du ciel ils n'ont connu les dons !)
Y sont précipités ainsi que les Catons ;
Lorsque le bonze étale en vain sa pénitence ;
Quand le pâle bramine, après tant d'abstinence,
Apprend que, contre soi bizarrement cruel,
Il ne fit qu'avancer son supplice éternel ?
De sa chute surpris, le musulman regrette
Le paradis charmant promis par son prophète,
Et, loin des voluptés qu'attendait son erreur,
Ne trouve devant lui que la rage et l'horreur.
Le vrai chrétien, lui seul, ne voit rien qui l'étonne,
Et sur ce tribunal que la foudre environne
Il voit le même Dieu qu'il a cru sans le voir,
L'objet de son amour, la fin de son espoir,
Mais il n'a plus besoin de foi ni d'espérance :
Un éternel amour en est la récompense.

SAINTE RELIGION, qu'à ta grandeur offerts
Jusqu'à ce dernier jour puissent durer mes vers !
D'une muse toujours compagne de ta gloire,
Autant que tu vivras fais vivre la mémoire.
La mienne... Qu'ai-je dit ? où vais-je m'égarer ?
Dans un cœur tout à toi l'orgueil veut-il entrer ?
Sois de tous mes désirs la règle et l'interprète,
Et que ta seule gloire occupe ton poète.

LIMOGES. — IMPRIMERIE DE BARBOU FRÈRES.

www.ingramcontent.com/pod-product-compliance
Lightning Source LLC
Chambersburg PA
CBHW060559100426
42744CB00008B/1254